和田章郎／著
競馬道OnLine編集部／編

吹けっ！白い風

茨城に舞い降りた平成のダービー馬

はじめに

昭和64年1月7日、昭和天皇が崩御。戦前、戦後、高度成長、バブル到来そして崩壊と、激動の〝昭和〟が幕を閉じました。

そして翌8日。〝平成〟時代がスタートします。そこから約30年の歳月が流れ、平成天皇の希望された生前退位に関する皇室典範特例法が平成29年に成立。平成31年4月30日をもって〝平成〟が終わりを告げることになり、翌5月1日、新元号〝令和〟の時代がスタートしました。

この平成年間の時間の経過を長く感じるのか短く感じるのかは、年齢に応じて人それぞれになるのかもしれません。「ついこの前」のように思うのか、あるいは「生まれた頃のことで遠い昔」に思うのか。

いずれにしても──

国内外で特別に耳目を引いた事件だけをザッと並べても、ベルリンの壁が崩壊し、湾岸戦争が勃発。阪神淡路大震災、地下鉄サリン事件があり、ニューヨーク同時多発テロの後にイラク戦争。リーマンショックの影響が世界中に広がって、東日本大震災の発生から福島第一原発事故が起きたかと思えば、熊本地震、北海道胆振東部地震…。

この間、西暦は20世紀から21世紀へ移り、18世紀末のイギリスに端を発した〝産業革命〟級のインパクトを社会全体にもたらした〝インターネット〟が誕生、普及します。

平成年間が長かったか短かったかはさておき、とにもかくにも、社会全体にとって「インターネット以前と以降」くらいの表現が可能なツールが登場したのは〝平成〟だった、とは言えます。

本題である競馬に目を移すと、昭和末期に到来した第二次競馬ブームはバブル景気に乗って更に大きな盛り上がりを見せます。その後、一般社会を襲ったバブル崩壊もどこ吹く風で、JRAは空前の好景気を迎えることになります。

平成2年の日本ダービーに19万人を超える入場者が来場し、平成3年のサラブレッド生産頭数は1万頭を超え、平成9年にはJRAの売上が4兆円を突破。

昭和時代に単勝、複勝、枠番連勝しかなかった馬券の種類は、馬連、ワイド、馬単、3連複、3連単が加わり、更に5重勝単勝式すなわちWIN5が導入されました。

平成19年には国際セリ名簿基準委員会の定める諸条件をクリアし、パートI国に昇格。国際化が急速に進む中で、平成28年からはJRAが特定する海外競馬のレースの馬券も発売されるようになりました。

ファンサービスの視点から見れば、各競馬場の改修、リニューアルが進み、全国ウインズ（場外馬券売り場）の充実も図られました。

また通信衛星を利用した専門放送「グリーンチャンネル」の配信スタートによって、従来の競馬中継の在り方は勿論、一般ファンの中継番組の楽しみ方を劇的に変えることになりました。

つまり平成の30年は、競馬界にとっても大きな変化のあった30年だったと言えますが、その「大きな時代の変化」を語る際に、避けて通れない固有名詞が2つ挙げられます。

〝サンデーサイレンス〟と〝武豊〟です。

サンデーサイレンスがアメリカで生まれたのは昭和61年。平成元年のアメリカ二冠馬であるとともに、同年のブリーダーズCクラシックの覇者。

そして日本に種牡馬としてやってきたのが平成3年。翌平成4年は前述の〝初の1万頭世代〟の翌年であり、その平成4年の生産頭数1万4443頭は前年を上回って現在もレコード。日本経済自体の景気が良かったという影響は勿論ですが、そこにサンデーサイレンスの日本での供用スタートが起爆剤となったことは間違いありません。

平成4年生まれのサンデーサイレンスの初年度産駒達が平成6年にデビューすると、3歳となった翌平成7年のクラシック戦線を席巻。その年から13年連続でリーディングサイアーとして日本競馬界に君臨することになります。

ＪＲＡの右肩上がりの好景気とあからさまに時期が重なっており、それこそ日本の競馬界においては、〝サンデーサイレンス以前、サンデーサイレンス以後〟という表現が当てはまると言っていいくらいのインパクトです。


一方、武豊騎手がデビューしたのは昭和62年。翌63年の菊花賞でＧⅠ初優勝を飾ると、平成22年まで23年連続ＧⅠ制覇。平成24年からも11勝を上乗せしてＪＲＡのＧⅠ勝利数は平成31年4月時点で通算76勝（他に海外10勝）。平成31年4月現在で言うなら日本ダービーを5度制し、通算重賞勝利数は３３４勝にのぼります。

平成30年9月29日にはＪＲＡ通算４０００勝の金字塔を打ち立て、ＪＲＡ騎手の個人記録のほとんどを塗り替えました。

—にとどまらず。


平成の30年間を通して、テレビ、新聞、雑誌等、メディアへの露出度は他の人気スポーツの、トップクラスの選手達と遜色なく、競馬界全体の広告塔としても長年にわたってイメージアップに務めてきました。その貢献度までを考えた時、サンデーサイレンスに用いた〝以前と以後〟の表現を彼に対して使ったとしても、大きな異論は出てこないだろうと思われます。

とはいえ、武豊騎手は現役であるため、まだ〝以後〟を語るわけにはいきません。が、〝サンデーサイレンス以後〟については、新世紀に入って少しずつ様相が変わってきていて、さまざまな検証を行うことが可能です。


売上面だけに特化してみましょう。

4兆円を突破した平成9年をピークに、年々売上は逆V字的にマイナスが続くことになり、東日本大震災が発生した平成23年は約2兆2935億円。これは平成元年の約2兆5545億円に届いていません。

その平成23年に底を打ったとはいうものの、平成30年は2兆7950億830万4000円ですから、平成元年をいくらか上回った程度、と呼べる水準に過ぎないのです。

この現象の原因はどこにあるのでしょう。そこには単なる「時代の変化」というだけでなく、何かしら大きな時代の「うねり」みたいなものがあったりしないでしょうか。ある部分で〝ひずみ〟をも内包したものとして。

断っておきたいのですが、本書はそういったことを探って問題点を浮き彫りに…なんてことを意図して書き進めようとするものではありません。
ただただ〝令和〟の時代がスタートするこの機会に、昭和から平成を生きた一頭のサラブレッドを軸に、関わった多くのホースマンの姿を追うことで、時の流れの中で競馬がどう変わっていったのかについて、記憶の一部として残すことができれば、との希望を抱いて取材し、まとめたものです。

では本編に入る前に、平成の最初と最後の日本ダービーを並べてみましょう。

●平成30年5月27日。第85回日本ダービー、天候・晴。
1レースの売上262億9283万4800円。
東京競馬場の入場者数12万6767人。
優勝はワグネリアン。
馬主は日本ダービー4勝目で、生産者は4年連続9勝目。

●平成元年5月28日。第56回日本ダービー、天候・晴。
1レースの売上292億8400万8000円。
東京競馬場の入場者数16万3891人。

優勝はウィナーズサークル。
馬主、生産牧場は日本ダービー初制覇。

軸にしようとしている一頭のサラブレッドとは、平成元年、すなわち平成の時代がスタートした年の日本ダービー馬ウィナーズサークルに他なりません。

奇しくも、〝サンデーサイレンス以前〟の時代に登場したウィナーズサークルは、サンデーサイレンスと同い年。

名馬と呼ばれる馬達には、伝説的になりうるエピソードが多かれ少なかれ必ずあるものです。中には、「本当に手がかからなくて、子馬の頃の記憶はほとんどないんですよ」と生産者の方が述懐するケースもあるかもしれませんが、それとていかにも〝大物〟の相を連想できなくもありません。

しかし本書の主役ウィナーズサークルには、それこそ〝奇跡〟とか、〝史上初〟といったエピソードは枚挙に暇がないのです。

主役不在の混戦ダービーを平凡な時計で制し、全キャリアは3歳秋までの11戦。しかも最終戦となってしまった菊花賞は10着の大敗。キャリアの最後がそういう結果だっただけに、どうしても地味な印象があるにもかかわらず、です。

とりあえず、ここでは象徴的なことだけに絞ると、日本ダービーを制した芦毛馬であること、茨城県産であることの2点が挙げられます。ちなみに、この2点のいずれかだけでもクリアした馬はウィナーズサークル以後、一頭も現れておらず、つまりは日本の競馬史において、唯一無二の、しかも際立った特性をウィナーズサークルは2つ持っていることになります。

そうして、将来を想像してみても、芦毛のダービー馬に関してなら今後現れる可能性はあるかもしれないのですが、さて茨城県産のダービー馬となるとどうでしょうか。

平成元年当時も茨城県産馬は少数派には違いありませんでした。しかし、それでも昭和30年代後半からは、毎年30頭前後の馬が生産されていたのです。それなのに、平成31年の生産馬は実に1頭を数えるのみ。改めてこの平成年間、競馬界には劇的な変化があったのだな、と感じずにはいられません。

その平成31年の1頭を生産したのは、まさにウィナーズサークルを生産した栗山牧場でした。

（レースに関する年齢表記は旧年齢を使用しています）

目次

第1章

チバラギの馬産

1 チバラギの由来

◆今とはまるで違った関東平野◆

平成元年6月7日、千葉県成田市の某ホテル。

『ウィナーズサークル号日本ダービー優勝祝賀会』

が催されました。

会の冒頭、祝辞の挨拶に立つ社台グループの総帥（当時）である故・吉田善哉氏のプライベート映像が残っています。

そのスピーチの中で、馬産における千葉と茨城の関係性について、興味深い一節を口にしました。

「チバラギ県」

です。

吉田善哉氏と言えば、日本の生産界をリードする社台グループの総帥にして、当時は千葉県両総馬匹農業協同組合組合長ならびに、日本軽種馬協会千葉県支部の支部長、という立場。その人物が、茨城産馬であるウィナーズサークルの日本ダービー優勝祝賀会で祝辞を述べる、それも開会の挨拶のタイミングで。

このこと自体が謎のように感じられるかもしれません。そもそも、なぜ茨城の隣県である千葉県で祝賀パーティーが開かれるのか、という疑問もあります。

北海道からの来客を考慮した際の、成田空港からのアクセスが便利なため？

それも確かにあるでしょう。でも、理由はもっと深いところにありました。

茨城県南部と千葉県北部は、利根川を県境にして隣り合っています。その地形の入り組み方から、その一帯を指す呼称として〝チバラギ〟が生まれたものと想像されますが、地域の関係性の深さというよりも、むしろそれぞれの田舎的印象（？）を、マイナスイメージとして捉え、ギャグっぽく強調したネーミングのようにも感じられます。


しかし、実際のところはそういった単純な話ではありません。

発端となるのは、かの徳川家康の江戸入府まで遡る、なんて書くといささか時代がかってくるのですが、あながち大袈裟な話でもないようなのです。

古代にまで遡るのを許していただくと、霞ヶ浦は太平洋に大きく開けた内海だったといいますから、その一帯は想像するのが困難なほど現在とは違った地形だったようです。中世に入ると、いたるところに水路が巡り、ところどころに船着き場があって往来があったとか。

また〝坂東太郎〟の異名を取る利根川は、流路延長で全国2位、流域面積では全国1位の、文字通り大河中の大河。その流路にしてみても、江戸時代より少し前の中世、つまり徳川家康が東国に左遷された16世紀末（1590年頃）は、現在の太平洋ではなく東京湾が河口だったとされているのですから、現代に生きる我々にはこれまた想像もつきません。

そして、このことこそ関東平野のその後に大きな影響を及ぼすことになるのですが、その東京湾に注いでいた利根川の流れを東へ付け替える、いわゆる〝利根川東遷事業〟と呼ばれる一大河川改修工事が、江戸幕府が開かれる以前、徳川家康の命によって行われることになりました。

目的については諸説あるようで、江戸近辺の新田開発のためとか、水運を利用した東北地方との交易ルートの確立であったりとか、東北と言えば伊達正宗に代表される有力大名を意識した防備、つまり地形を利用した壮大な外堀として使う、といった狙いがあったのではないか、などなど。

そしてもうひとつの有力な説というのが、何しろ現在でも〝暴れ川〟で知られる利根川のこと。それが東京湾に注いでいたとすれば、幕府の本拠地である江戸周辺の水害は相当だったはずで、それを防ぐことは街を発展させようとした場合、喫緊の最重要課題だったに違いありません。

要するに都市部の治水のためだった、という説が最もしっくりくるのではないかと思われます。

そうして江戸時代になって以降、今の利根川の原型らしき形ができあがると、今度は東遷後の流域が度重なる水害に襲われることになってしまいます。それは明治時代に入ってからも続き、明治政府は大規模な改修工事を三期にわたって実施（明治33年から第一期改修工事がスタート）することになるのですが、それはまさに長く続いていた地方行政区分が見直され、〝県〟が定着する過程でのことでした。

◆移り変わった国境◆

ここまでのことからお察しいただける通り、利根川の東遷前は茨城南部と千葉北部の県境は現在のところではありませんでした。勿論、「茨城」とか「千葉」とは呼ばれておらず、律令制下における〝常陸国〟と〝下総国〟として隣接していたのです。

その県境ならぬ国境が、現在の茨城県稲敷郡河内町、すなわち利根川の北側に位置する町にあった、とされています。その名残は〝大境〟という地名に認められますが、その境界線より南…とはいえ利根川の北に位置していた旧下総の河内町の一部（金江津村、十余島村）が、千葉県から分割されて、茨城県に編入されたのが明治32年（1899年）。

その際に、いよいよ利根川の南北領域にわたっていた〝下総国〟が、茨城県と千葉県に分かれて、現在に続く茨城と千葉の県境がほぼ定着したことになります。

〝利根川の変遷史〟と書くと大袈裟ですが、利根川の流路の変化を追いつつ、茨城と千葉の県境が現在の形になるまでを簡単に辿ってみて、今更ながらに思うのは、120〜130年ほど前まで、現在の茨城南部と千葉北部は同じ下総国であり、同じ行政区分下にあった、ということ。これは「チバラギ」にとって、重要なことかもしれないのです。

いや勿論、このことこそ「チバラギ」の語源、とするには少しばかり性急で、異論もあるかもしれません。でも章の冒頭で紹介した故人が発した「チバラギ県」の意味するところが、馬産とつながっているのだとすれば、明治時代中期まで同じ〝国〟だった事実は、〝チバラギ語源説〟を後押しするひとつの材料にはなるのではないでしょうか。

2 馬産の本場との関係性

◆下総ブランドの成立◆

そういった行政、地理的なことを踏まえつつ、馬産を考えるうえで、もっと直接的なところで茨城が千葉と深い関係性を築くにいたったのには、やっぱり〝下総御料牧場〟の存在抜きには語れません。

日本の馬産の中心地として、近代競馬に多大な貢献をした下総御料牧場。

この牧場の歴史を辿ろうとすると、ここでも中世まで遡らなくてはならなくなるので、昭和49年に宮内庁より発行された『下総御料牧場史』に全面的に頼りつつ、ところどころをはしょりながら、小史を挙げさせていただくことにします。

《下総御料牧場小史》

●16世紀末、当時東国を統治していた北条氏が千葉氏に命じ、房総の野馬を青柳、宮野、明石の三牧士に管理させる。これが小金、佐倉、嶺岡（安房）の３牧の母体となった。当時小金牧に約３０００頭、佐倉牧には約５０００頭の野馬がいたとされている――

●その後、徳川幕府が成立すると、慶長年間（１６１４年頃）に大坂の勢力（つまりは豊臣家）に対抗するべく、軍馬育成を目的として本格的に〝牧〟の開墾が始まる。八代将軍徳川吉宗の享保年間（１７２２年頃）には小金五牧、佐倉七牧、嶺岡五牧が幕府の直轄地となっている――

●時代が下って幕末から明治初期。この間の動乱で生まれた東京の窮民を救うため、明治2年、政府は小金牧、佐倉牧の開墾を目的とした開墾会社を設立するが失敗。明治5年には牧制度が終了する――

●この後、明治8年に大久保利通内務卿の主導で海外から優良の牛馬羊を輸入。佐倉七牧のひとつである取香牧を繁用地と定め、三里塚に取香種畜場を開設。同時に富里に下総牧羊場が開設され、明治13年に合併して下総種畜場となった――
（この頃のこぼれ話として、ジンギスカン料理を日本で最初に紹介したのが御料牧場である、という資料が三里塚御料牧場記念館に展示されています：筆者注）

●下総種畜場が明治18年に宮内庁に移管。明治21年には宮内省種馬寮に移管され「宮内省御料牧場」と名称変更されることになり、我が国唯一の宮廷牧場として定着。
明治18年の全頭数は４８３頭。内訳はサラブレッド30頭、トロッター7頭、和種２３６頭、その他として雑種１９５頭、洋種３頭、ペルシュロン５頭、ミュール４頭、ロバ３頭。

最大時の面積は約１２６０万平方ｍ（東京ドーム約２６８個分：筆者注）。

２０００ｍの円形馬場に、１６００ｍの直線馬場、８００ｍの追い馬場を備えていた――

●大正11年、御料牧場の官制廃止により、宮内省御料牧場は宮内省下総牧場と改称。軽種馬繁殖業務を中止し、種牝馬を新冠御料牧場に移すが、大正12年の競馬法成立で馬券の発売が公認されると、昭和2年に繁殖事業が再開――

●昭和17年に下総御料牧場と改称。第二次世界大戦終結の翌年、昭和21年に下総御料牧場での繁殖業務が中止されるが、昭和23年に新競馬法制定。これにより軽種馬生産農業共同組合が設立されると、昭和24年に繁殖業務が再開される――

●こうした大正、昭和の混乱期を挟み、昭和44年に栃木県塩谷郡高根沢町に移転し、いっさいのサラブレッド生産にピリオドを打つまでの間、日本のサラブレッド生産界を牽引する聖地として存在した――

昭和41年に新東京国際空港建設が成田市三里塚に決定。その建設用地として国有地（宮内庁が所管）であった御料牧場が転用されることになり、栃木県への移転となったわけです。

その件はここではさておくとして。

一旦中止された繁殖業務が再開された昭和2年。イギリスから輸入され、下総御料牧場で種牡馬となったトウルヌソルは、6頭の日本ダービー馬を輩出しました。

昭和7年　第1回　ワカタカ
昭和11年　第5回　トクマサ
昭和12年　第6回　ヒサトモ
昭和14年　第8回　クモハタ
昭和15年　第9回　イエリユウ
昭和18年　第12回　クリフジ

産駒が日本ダービーを制した6頭という数字はサンデーサイレンスと同数で、現在まで続く最多記録です。

また、昭和10年に輸入され、同じく御料牧場で供用されたダイオライトは昭和16年に日本競馬史上初となる三冠馬セントライト（小岩井農場産）を出しています。

トウルヌソルとダイオライトの産駒については、ここでは日本ダービーについて挙げただけに過ぎず、他にも数多の大レースの勝ち馬を輩出しています。

サラブレッドの生産者数が現在とはまったく比較にならず、それどころか生産馬のほとんどが御料牧場と、もう一方の雄、岩手の小岩井農場に集中していた当時のことだけに、トウルヌソル産駒のダービー馬６頭の数字を、サンデーサイレンスのそれと単純比較できないことは言うまでもありません。

それでも国が主導するサラブレッド生産の旗振り役を担う中で、戦前の競馬界をしっかりとリードし、戦後から現在につなげた下総御料牧場の功績は計り知れません。これについても、今更言うまでもないことでしょう。

◆〝戦後昭和〟時代へのつながり◆

利根川東遷の際の徳川家康に始まって、〝暴れん坊将軍〟こと徳川吉宗だの、大久保利通内務卿だの、小説や映画、テレビドラマ等でお馴染みの歴史上の偉人達が、競馬ファンが馬産を考える際にもごく身近に、続々と登場するのが不思議な感じもします。

それだけ物語的に大向こうウケするような業績に限らず、地味ながらも多岐にわたる働きをしたからこその歴史的偉人達なのだ、との言い方もできるのでしょう。

特に大久保利通にいたっては、平成30年のＮＨＫ大河ドラマ『西郷どん』ではあまりいい描かれ方をしていませんでした（他の作品でも少なからずそうかも）が、明治8年に大隈重信に宛てた「牧畜建言書」というもので近代的な畜産の重要性を説き、下総地方を視察した際には、後の御料牧場へと続くことになる旧取香牧の一帯を「牧羊地として適している」として独断（？）で〝取香種畜場〟の敷地に決定したようですし、遺言として欧米の畜産技術や獣医学を導入することにも力を注いだ、とありますから、日本の競馬史にとってみれば、黎明期に大きな足跡を残した大功労者という見方すらできます。

ともあれ、近代日本競馬をリードする役割を下総御料牧場が担うことになると、その周辺には良血馬との配合を求めて、民間のサラブレッド生産牧場が集中することになるのは必然的な流れ。

代表的なところで、明治39年に開設された菅井牧場、大正10年の新堀牧場（現・シンボリ牧場）、昭和14年の社台牧場（現・社台グループ）、昭和20年の千代田牧場の他、新田牧場（現・緑の牧場）、出羽牧場などが一大生産地としての〝下総〟を形成しました。

その千葉の生産者グループとの関係性を築くのに、茨城の立地は有利に働きます。何しろついこの前まで〝同じ国〟だったのですから。生産者同士の深いつながりが、そこに生まれてなんら不思議はなかったはず。

ただし、茨城の一部の生産者にとっては、千葉県との地理的つながりを分断することになった大河、利根川の流れは、時として厄介な障壁として横たわることになりました。
この続きは次章に回すとして、ひとまず話を現代に戻します。

◆茨城の生産者の立ち位置◆

内閣府が所管する公益社団法人である日本軽種馬協会（ＪＢＢＡ）は、種牡馬の繋養やセリ市場の開催等、軽種馬の生産にかかわる一連の業務を執り行う団体、ということで平成31年現在、全国各地に関連施設があります。

まず直轄の種馬場が静内（北海道）、七戸（青森）、九州（鹿児島）の3箇所。

ファンと生産牧場をつなげる役目を担う「競走馬のふるさと案内書」が北海道日高に、「競走馬のふるさと連絡センター」が胆振、十勝、東北、千葉、南九州の5箇所に設けられています。

そして現名称は〝支部〟ではありませんが、地域別の業務を取り行う下部団体として日高、胆振、十勝、東北、関東、九州の6箇所が存在しています。

ここで注目しなくてはならないのは、最後に取り上げた地域別の団体について。

現在では〝関東〟と大きく括られているのですが、かつては馬産が行われていた関東各地、つまり千葉、栃木、群馬、埼玉、神奈川（年によっては東京も）には、それぞれ県別に〝支部〟が置かれていました。

それなのに茨城だけは一度も支部が置かれたことがなく、生産牧場のすべてが千葉支部に所属し、そのままずっと変わることなく時代がくだって、現在は上記の通り、他県と同じく〝関東〟の所属となっています。

このあたりのことについて、「地味好みの県民性なのではないか」との独特の仮説（？）を立てられたのは、競馬評論家でSF作家の故・山野浩一氏。氏に同調する感じになるのかどうかはわかりませんが、全国で唯一、民放テレビ局が存在しない県、としてことあるごとに話題に上がる現在の茨城県のありようにも、どことなく似たニュアンスがあったりしないでしょうか。

それはひとまずおいておくとして、茨城に軽種馬協会の支部が一度も置かれなかったことは、確かに不思議なことではあります。

が、一方で、茨城と千葉の生産牧場の分布図を見た時、そのあたりがかつて同じ国、もしくはご近所だった、という事実を思い出してみると、案外スムーズに受け入れることができるようにも思われます。

当然、そこには密接な関わり方があったはず。

御料牧場を中心とした一大生産地が、現在の千葉北部の、新東京国際空港周辺にあたる広大な土地に存在し、そうして、その一帯の牧場と茨城の生産者の関わり方が濃いものであったことが、馬産地としての〝チバラギ〟を生んだと言っていいのでしょう。

前述の通り、昭和41年に新東京国際空港の建設が決定し、昭和44年に御料牧場も栃木県に移転することになって、そのタイミングで周辺の民間牧場も用地として買い上げられることになります。それを機に、〝下総ブランド〟を形成してきた有力牧場は生産の軸足を北海道へ移すことになるわけですが、それ以前の、昭和30年から40年初頭くらいまで、〝チバラギ〟は想像以上に堅い絆で結ばれていました。

ウィナーズサークルを生産した栗山牧場も例外ではありません。

いや、茨城と千葉の関係を現在までつなぎ止める重要な役割を果たした、それこそ代表的な牧場のひとつ、として存在し続けています。

戦後になってから茨城の地に誕生した栗山牧場は、いかにして日本ダービー馬を生産する牧場になっていったのでしょうか。

その過程の、長い道のりの途中には、〝輸送手段として船を使った馬達〟がいました。

第2章

利根川を船で渡った馬達

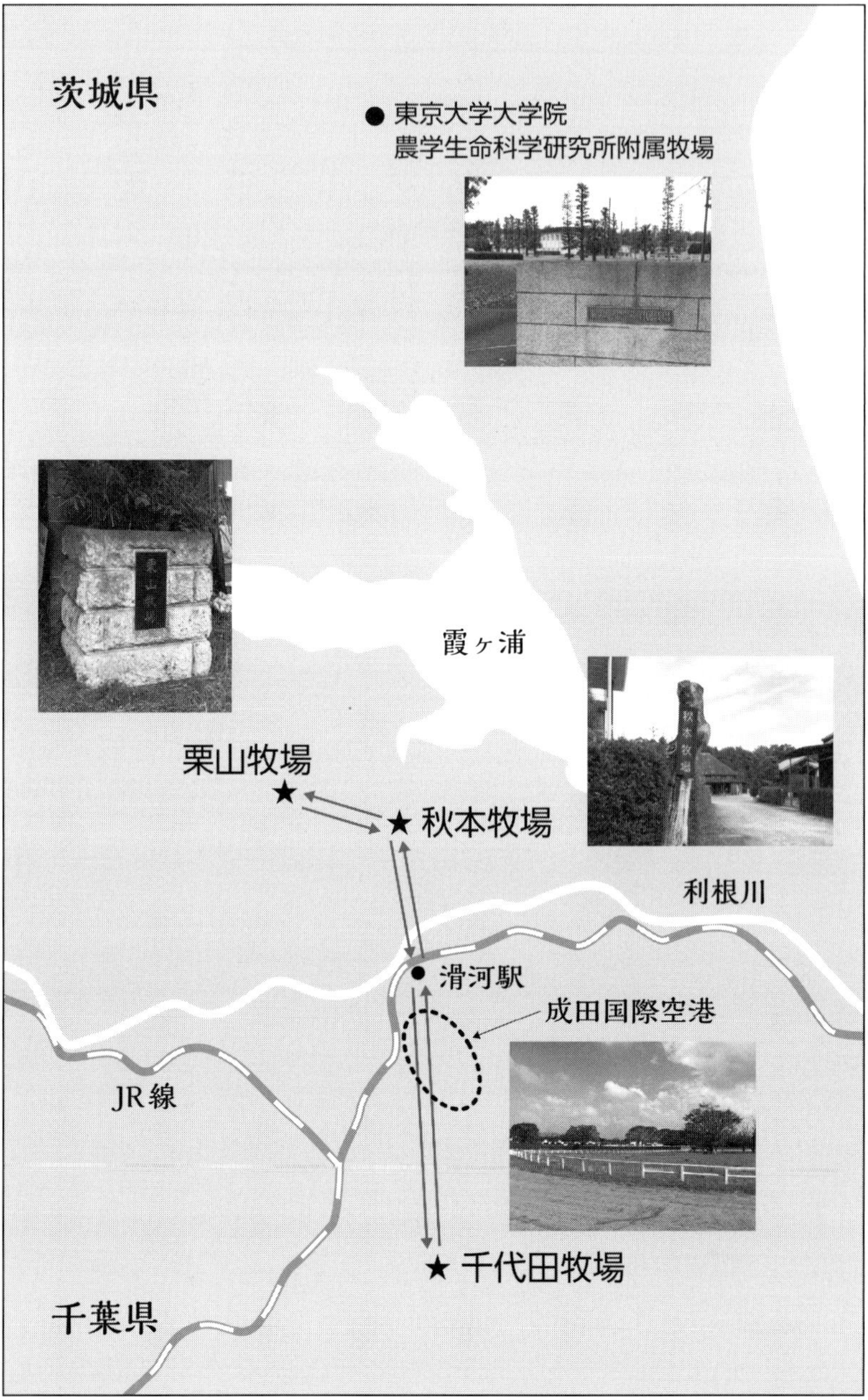
茨城県
東京大学大学院
農学生命科学研究所附属牧場
霞ヶ浦
栗山牧場
秋本牧場
利根川
滑河駅
成田国際空港
JR線
千代田牧場
千葉県

1 栗山牧場前史～胎動期

◆江戸崎の仙人◆

平成元年5月28日。第56回日本ダービーの表彰式の壇上に、和服を身にまとった白髪で長髪のご老人の姿がありました。

21世紀に入って20年近くが過ぎた今ならば、時代錯誤感があるのは当然かもしれませんが、昭和から平成に時代が変わったばかりの当時ですら、その立ち姿は強烈な異彩を放っていました。

ウィナーズサークルを生産した栗山牧場の当主であり、馬主でもあった故・栗山博氏です。

明治45年生まれという、長い風雪を経た年輪が醸し出す雰囲気なのかどうか。競馬場で初めてその姿を見た人々の多くが、「仙人のようだ」との感想を抱いたのも無理はないように思います。かくいう筆者もそうでした。

凛とした空気に包まれていて、それこそある種の妖気、みたいなものを身に纏ったような佇まい…。

そもそも栗山家は博氏から少なくとも5～6代前まで遡れる、と伝わっていて、実際に氏から4代前までは名前入りの家系図があり、氏から3代前の当主、五兵衛なる人物の生年月日は文政3年

（1820年！）となっていますから、4代前の茂兵衛という人にいたっては、文化、いや享和か、もしかするとその更に前の寛政年間生まれ、なのかも？しれません。

そういう長い〝家〟の歴史もさることながら、博氏自身、江戸崎町（当時）の町会議員を10期にわたって務めた人物ですから、文字通り地元の名士、であることに間違いはないのでしょう。

しかし、それらのことを考慮に入れなくても、表彰式でのその荘厳な立ち姿には、〝選ばれた人のみが特別な栄光を手にすることができる〟といった現実離れした、でも圧倒的な説得力を持ったオーラが感じられたもの。

そうして、そんな人物だったからこそ、現実の世界ですぐそこに毅然として立っている姿というのが、まさに勝者である白いダービー馬ウィナーズサークルの神性を体現しているように映ったものでした。


茨城で生まれ育った明治の男と、白いダービー馬の誕生というのは、はたしてまったくの偶然だったのか、それとも必然だったのか。

或いは〝奇跡〟だったのでしょうか。

◆一地主による馬産◆

栗山牧場が〝牧場〟としてスタートした起源は、実のところハッキリしていません。当時を知る人も、今となっては少なくなっていますが、博氏から栗山牧場を引き継いだ、次男で現在の当主である栗山道郎さんはこう語ります。

栗山道郎氏

「戦前まではこのあたり一帯の地主、と言っていいのかな。小作に土地を貸して生計を立てていたようです。それが戦争が終わってから、ＧＨＱによる農地解放（昭和22～25年）がありましたから。

自分もまだ小学校に上がったばかりのことで、詳細までは覚えていないというか、知らずに育ったんだけど、当時は大変だったみたいです。何しろ収入がなくなって、多くの土地を失ったわけだから。

当初は樹木を売ったり、農業をしてや

りくりしようとしていました。当時は農繁期というのがあってね。田植えや稲刈りの季節に学校が休みになるんですよ。自分も駆りだされて手伝ったものでした。生きることにみんな必死だったですよ。

その頃、敷地を見て回るために親父が馬を飼うようになったんです。足が悪かったからと記事に書かれたりもしていましたが、何しろ道路が整備されていない頃だし、自動車替わりに使うのに手頃だったんでしょう。役場に行くにもどこに行くにも、馬に跨って行って、外の電信柱につないで建物の中に入って、みたいなことをしていました。

ともかく、馬を飼うには牧場がいるということで敷地の一部を牧場にしたんです。私が小学校の4年か、5年生の頃になるのかな。でも、最初から生産を行っていたわけではありません。生産牧場として繁殖を始めたのは、何がキッカケだったのかはわかりません。おそらくすでに馬産を行っていた近くの牧場の人達からいろいろ話を聞かされて、だったんじゃないですか。最初に入れたのはセイゼンって名前のアラブで、結構走った馬だったんです。産駒もそこそこ売れました」

ここまでがもっぱら昭和20年代末から昭和30年代初頭にかけての話。

ウィナーズサークルが活躍した平成元年当時の資料には、牧場の創立年を〝昭和20年〟としたものがありますが、太平洋戦争が終わった年は大混乱の真っただ中にあったわけで、経験のない牧場の開場など思いもよらなかった時期。

復興に向けて立ち上がるのはその後の農地開放後ですから、博氏が馬を飼い始めた正確な時期についてもはっきりとはわからないにしても、昭和15年生まれの道郎さんが小学校の低学年の頃はまだ馬がいなかったとするなら、おおよそ昭和25年から26年、あるいは27年頃に最初の一歩を踏み出した、と考えるのが妥当なところでしょうか。

また、最初に入れた、というアラブについても正確な資料が残っておらず、繁殖がスタートしたのも昭和28年以降ではあるようですが、本当の意味での牧場設立期を特定することは難しいようです。

ただ、ひとつだけしっかりした契機になった、と言えそうなのは、長男の豊氏（故人）に続いて、次男の道郎さんが高校卒業のタイミングで家業を継ぐことになった昭和32～33年頃、現在の栗山牧場の敷地内に繁殖用の馬房を増築したこと。

ここで本格的に生産が軌道に乗っていくことになったのは確かなようです。

「その翌年だったかな。環境のいいところで基礎体力をつけさせようと思って、ウチで生産した子馬を北海道に連れていったんですよ。現地の牧場に委託して一定期間預けてみよう、と。

そうしたらそこで、茨城の馬なんかに食べさせる草はない、と言われたんです。あの時の悔しさは今でも忘れられないですよ。同じ頃に、茨城なんかで馬産なんかできるのかい、なんてことも言われてたしね。そういうのがバネになったって言うのかな。絶対に負けないぞ、みたいな原動力になりましたよね。

その時に襟裳まで足を伸ばして牧場を見学したんです。当時の牧場所有者だった田中彰治って人（元衆議院議員）を紹介してもらっていたこともあって、育成の勉強に参考にさせてもらおうと思って。

そうしたら、さ。

しばらく走ってる馬を見てたんだけど、一向にしっかりと追うようなところがないんだ。どの馬もただゆ～っくりと走ってるだけ。これからやるのかな、と思い続けて見ていたけど、結局、最後まで運動らしい運動はしなかった。

こんなに手緩い運動しかしないのか、と率直に思いましたよね。

こんな運動の仕方で馬が強くなるわけがない、と。

当時はまだ自分なりのノウハウなんてものもなかったし、何の根拠もなくって、本当に直感みたいなものだったけど、そこで自分の育成方針がはっきりしましたよ。〝俺のところでは厳しく鍛えていこう〟って。

それと、北海道の馬が、この程度の調教で仕上げてくるなら、十分に戦えるだろうとも思った。自信が持てた感じもあった」

述懐の中で、「茨城の馬に食べさせる草はない」と言われたことを口にした時の表情には、「今でもその時の悔しさを覚えている」のセリフに表れているように、苦々しい記憶として残っていることがハッキリと出ていました。

それほど強烈な記憶であり、それがまさにその後の〝茨城の生産者〟として生きる原動力になったことは疑う余地がなさそうです。

また、育成のノウハウや方向性を得た、と言う点でも、後述する〝栗山メソッド〟的なハードワークにつながる気づきが得られ、そのうえで「互角に戦えるだろう」との自信を得ることができたのですから、この北海道行きは二重三重に意味のある経験になったことは間違いありません。

そしてもうひとつ。道郎さんがこの時の経験として語ってくれたエピソードには興味深いものがありました。

◆いにしえの輸送方法◆

「馬運車がまだ普及していなかった頃で、北海道へは馬を貨車に乗せて輸送するんだよね。長岡から秋田経由で青森にいって、そこから青函連絡船に乗るんだけど、貨物列車として走るから時刻表とかがわからなくて、どこに何分くらい停車するかもわからないんだ。

秋田の操車場で停車した時、ちょっと車両を離れて買い物に出たと思ったら、置いて行かれてしまって。さあ大変だって、後先考えずに無蓋《むがい》列車に飛び乗って追い掛けて。まあ事無きを得たんだけどね。

今だから笑っていられるけど、馬とははぐれるは春先の東北のことで無蓋列車は寒いはで…。まったく、大変な時代だったなあと思うねえ」

ちょっと馬から目を離して買い物に出て、戻ってみたら馬どころか車両から何から全部が目の前から消えてしまい、茫然と立ち尽くし、その後に我に帰ってあわてて汽車を追いかける…。

映画やドラマなんかでしばしば滑稽なシーンとして使われる、〝定番〟みたいなシチュエーションです。でも、こちらは作り話ではなく現実の話。今だから笑える、とは言うものの、当人達にしてみれば、生きた心地がしなかったことでしょう。

この古い時代の輸送方法については、ウィナーズサークルを管理した松山康久元調教師からも面白い話を耳にしました。

それは遠くアメリカ大陸での話。少し時代がくだって昭和43年のことになります。

「調教助手になってすぐの頃、父（松山吉三郎調教師）から勉強してこいって、アメリカに修行に行ったんですが、そこでアケダクトからサンタアニタまで、馬を…8頭くらいだったかな、輸送したんですよ。いわゆる〝大陸横断鉄道〟ね。西部劇とかでよく出てくるでしょ。

あの列車の一番後ろ…普通の旅行客が乗る一般車両の、更に後ろに貨物用の車両を連結するんです。３泊４日…４泊５日だったかな、クイーンズのジャマイカ駅から乗って、シカゴからカンザスシティー経由でロサンゼルスへ、という行程でね。

その頃の北米はすでに飛行機での馬の輸送をしていたと思うんです。そう考えると列車での輸送は大変でしたよね。だからこそだけど、今思えば本当にいい経験をさせてもらったと思いますよ」

松山吉三郎師が子息をアメリカで修業させるにいたったのは、前年、ハマテッソでブラジル遠征を敢行した際、その帰国の途上でＮＹＲＡ（ニューヨーク競馬協会）のカルヴィン・Ｓ・レイニー氏との知遇を得たことで実現したものでした。

康久師は43年10月に渡米、Ｖ・Ｊ・ニッカーソン調教師のもとニューヨークのアケダクト競馬場でアメリカ留学がスタートします。

前記の「大陸横断鉄道」を使った西海岸への輸送は11月で、当地で3カ月を過ごした翌44年2月にアケダクトに戻り、トータルで約1年をアメリカで過ごした後に、今度はフランスに渡って2カ月を過ごすことになります。その間にイギリス、ニューマーケットへも馬を輸送して見聞を広め、帰国したのは45年2月。

調教師試験に合格するのは昭和49年の31歳の時で、開業は昭和51年。

康久師と栗山牧場の関係が一層深く、強固になっていくのは、それ以降、のことになりますので、その話はもう少し後ろに回すとして、今しばらく2人が口を揃える昭和30年代から40年代にかけての競走馬の輸送方法の困難さ、労力、についての話を続けることにします。

何しろ現代の我々にはとても想像できない、並々ならぬ苦労の連続だったことがわかるエピソードが連続するのですから。

しかし、道郎さんから次のエピソードを聞いた時には、まず驚く前に、言葉の意味するところを理解するのに少し時間を要したことを白状しておきましょう。

〝繁殖馬を船に乗せて、利根川を渡って種付けに行ってたんだよね〟

どこから？
どこへ？

2 利根川流域の水運

◆昭和後期まで続いた船の利用◆

道郎さんの話を理解するには、明治から昭和にかけての、利根川の水運事情から押さえておく必要がありそうです。

第1章で触れた通り、明治以降、利根川によって完全に分断された茨城と千葉の県境でしたが、長く続いたご近所付き合い（？）はすぐに切れたりするものではありません。とは言うものの、橋をかけるにしたって、なかなか現在のようなわけにはいかない時代。人々がそれぞれの村、町を往来するにはどうしたのか。

そうです、利根川を挟んだ地域の人々の足代わりとなって活躍したのは、昔ながらの〝舟〟でした。

昔ながらと言っておきながら、ですが、まずは明治に入って文明開化の波と言っていいのでしょう、明治10年に外輪蒸気船「通運丸」が登場しました。これによって利根川、江戸川の水運が活況を呈するようになると、利根川筋の船主達も蒸気船の導入を始め、その航路は霞ヶ浦方面まで延びることになります。

霞ヶ浦、利根川、新利根川、小野川などに囲まれた現在の稲敷市にも、14箇所の渡船場があったとされていて、蒸気船の寄港場としても利用されたようです。

しかし明治29年、常磐線の橋が完成。翌30年には総武鉄道が銚子まで延び、昭和5年には一般道として我孫子―取手間を結ぶ大利根橋が完成します。

これらに伴って陸路での移動方法が発達。目的地への所要時間が大幅に短縮される鉄道の利便性は船運の比ではなく、昭和6年以降、通運丸に代表される蒸気船は徐々に姿を消すことになっていきます。

それでも鉄道が敷かれることがなかった地域というのは、やっぱり川を渡るために船を利用するしかありませんでした。目的地が目と鼻の先の川向こうなら尚のこと。

蒸気船が寄港できる規模だったかどうかはさておいて、茨城と千葉の県境を流れる利根川本流に限定すると、河内町だけで10～15箇所の船着き場＝渡船場があったそうです。先に触れた稲敷市にあった分を加えると、それこそ河口近くからＪＲ常磐線の鉄橋の隣に架けられた大利根橋までの約１００ｋｍ弱の間には、主だった渡船場が30箇所以上あったものと思われます。

〝主だった〟というのは、手漕ぎ舟だと営業所単位ではない個人による運航もあったため、場所

金江津渡船場、昭和 40 年頃（撮影・佐藤有氏）

の特定がおおよそでしか確認できないから。そう考えると実際の数字も、もしかすると30箇所どころではなかったのかもしれません。実際（正確さは判然としませんが）、明治30年代の地形図上では、取手―銚子間に39箇所の渡船場が認められるようです。とにかく、それだけ需要が多かった、ということに他ならないでしょう。

それは自動車が交通の主役となった後も続き、昭和50年代前半に各所に永久橋が完成するまで利用者がなくなることはなかったそうです。

その〝主だった〟方の渡船場として賑わいを見せていたのが利根川の北側、茨城県稲敷郡河内町にあった金江津渡船場です。

◆古代から続いた〝鼎津関《かなえつ》〟◆

金江津の渡船というのは、茨城県稲敷郡河内町の金江津と千葉県成田市猿山（当時）の間を結ぶルートでした（ＪＲ成田線滑川駅のすぐ近く）。現在の平時の川幅で３００ｍ弱、の距離でしょうか。

明治40年に開始された第二期の利根川改良工事によって、大正13年には金江津の築堤工事が完了します。

ただ、もともと金江津渡船場への道は堤防が急勾配だったため、それまでも人の通行はもとより車馬による物資の運搬などには苦労あったそうなのですが、新しく完成した堤防によって、その度合いが更に増すことになってしまいます。

そこで翌大正14年に川の両岸をつなぐ交通の便宜を図ることになり、堤防の一部を切り通しとすることで〝鼎津関〟とし、以降、多くの人々に利用されることになります。

〝鼎津の関〟。

この〝鼎津〟を〝金江津〟の字にあてた由来については諸説ありますが、千葉県の香取神宮文書に「かなえのと」と記されている箇所があり、それが実に南北朝時代の至徳二年（１３８５年）の項だそうで、古代の地形を思い起こした際に、当時から重要な土地だったのであろうことが想像されます。

鼎津関の石碑の隣には〝大島渡船場跡〟の石碑も建てられており、これは現在の所在地が河内町

金江津字大島だからですが、傍証として利根川下流河川事務所金江津出張所所長の村岡基晴氏によれば、

「このあたり一帯が興味深い地形になっていて、相当昔のことだと思いますが、中洲だったのか浮島だったのかはわかりませんけど、遠くから見たら島のように見えたのだと地元の方から聞いたことがあります」

とのこと。

中世の、このあたり一帯の水路が入り組んでいたであろう地形を想像すると、有り得ないことではなさそうです。

ともかくも、由緒正しい、と言っていいのかどうか、水運による経済発展とともにポッとできあがったような、俄か仕立ての渡船場でないことだけは確かなようです。

ちなみに、村岡氏が勤務する国土交通省関東地方整備局利根川下流河川事務所の金江津出張所は、〝鼎津関〟〝大島渡船場跡〟の石碑が並ぶ敷地の、すぐ脇に建てられているのです。このことも古くからこの場所が、水運上の要所であったことと無関係ではないのでしょう。

そしてこの整備局の事務所（出張所）が、〝利根川下流河川〟という川の一部分の流域を特定した名称になっていることや、また、その出張所が金江津に置かれている最大の理由として考えられるのが、利根川東遷以降、この地が度重なる水難に見舞われた過去が影響しているのではないか、ということです。

◆水難との戦いを経て◆

有名なところでは、戦後まもない昭和22年9月に関東、東北地方を襲ったカスリーン台風があります。

埼玉県内を流れる利根川の堤防が決壊するなどして関東各地に甚大な被害を及ぼし、死者1077人、行方不明者

８５３名と伝わりますから、現在なら激甚災害指定扱いになったに違いありません。

このカスリーン台風は利根川流域の広い範囲を襲った大災害でしたが、金江津渡船場はピンポイントで悲劇に襲われたことがあります。

昭和24年1月30日。

南西の風が強く、波も高い日だったそうです。

千葉県側の猿山（通称・源太河岸）から金江津に向かった船が突風にあおられて転覆。定員25名のところに53人が乗船していたといいますから、定員オーバーだったことは確かなのでしょうが、小・中学生を含む26人が犠牲になるという、あまりに痛ましいとしか言いようがない事故が起きました。

現地の人々は再び悲劇が起らぬようにとの願いを込めて、受難者の霊を慰めるため昭和24年7月25日、転覆事故現場にほど近い曹洞宗大洞院に水難地蔵を建立。現在にこの悲劇を伝えています。

（次ページ写真）

利根川東遷以降、東京の水害事情が改善されたのはいいのですが、その替わりに現在の利根川下流、茨城と千葉にまたがるいわゆる水郷地帯がたびたび水害に見舞われることになりました。そん

大洞院にある水難地蔵。今も花が手向けられている

な中で起きた悲劇だけに、事故後、渡船業務にも近代化が求められ、より性能のいい機械船が運航されることになります。

その気運の中で金江津―猿山ルートも例にもれず、昭和34年には常総渡船企業組合が発足。5トン客船2隻、台船2隻、荷船1隻が導入され、最盛期には1日に1000人を超える利用者と30台の自動車を運ぶまでになったと伝わっています。

その一方で昭和42年、金江津―猿山の下流に神崎大橋ができると、そこで使用されていた〝船橋〟を買収し、〝浮橋〟として架設使用に踏み切ります。

この浮橋、どういうものかと言うと、20艘の船を横に向けた状態で等間隔に並べて、その上に木の厚板を渡してつないだもの。

全長263m、幅4m。

〝常総船橋〟と呼ばれました。

翌43年には少し上流に長豊橋が掛かるのですが、金江津—猿山の渡し船は存続します。常総船橋が使用されるようになった後も、です。

というのも、常総船橋は毎年6月15日から10月15日の増水期は取り外されていたから。常総船橋が架かっていたのは渇水期だけだったのです。

常総船橋、昭和 42 年頃（撮影・佐藤有氏）

しかし、そこはやっぱり〝浮橋〟のこと。風向きや降雨といった天候の影響を受けやすく、通行不能に陥ることは少なからずあったよう。すでに自動車が陸路の交通手段の主役になっていたのですから、周辺住民の永久橋への渇望は当然のことでした。

そして昭和54年、ついに悲願

が成就して「常総大橋」が完成、ここにいたって初めて、金江津―猿山の渡船の歴史は幕を閉じることになります。

前節で紹介した栗山道郎さんの「繁殖馬を船に乗せて利根川を渡った」というエピソードは、この渡船の歴史の中の昭和30年代から40年代前半、常総船橋が架かる以前の一時期に、まさに金江津―猿山ルートの渡し船を使って〝現実〟に行われたことだったのです。

ここまでのことを頭の隅っこに入れておいていただくとして、いよいよ渡船を利用した馬達の話を進めていきたいと思います。

3 輸送手段としての船

◆牧歌的な風景◆

「当時は馬運車なんて立派なものはウチにはなかったですからね。母馬と、場合によっては子馬も一緒に、ウチから歩いて渡し場まで行って、船に乗せるんですよ」

と事も無げに口にする道郎さん。

向かった渡し場、というのが金江津でした。

おさらいすると、栗山牧場で生産が本格的にスタートしたのは昭和30年頃。現在のような馬運車はまだまだ普及してなかった時代です。牧場からの馬の輸送はトラックに幌をかけただけの、自前の特別な車が主流でしたが、それとて規模の小さな牧場では何台も所有できたものではありませんでした。

では繁殖馬をどうやって種馬場へ連れて行くのか。

〝窮すれば通ず〟

ないものはない、でも輸送しなくてはならない。

それじゃあということで、牧場から徒歩で引いて連れて行った、というのです。

「母馬だけならまだいいんだけど、生まれてすぐの子馬も一緒のことが多いからね。おとなしくついてきてくれないんだなこれが。当たり前だよね、見るもの見るもの珍しいんだから。放牧地に２組の親子を引いて行ったこともあった。２頭分の手綱を別々の手で掴んで行くの。疲れている時なんて、今だから言えるような話だけど、母馬に乗って連れてったこともあった。大変だったけど、のんびりした時代だったよね」

両手にそれぞれの母馬の手綱を引いて、その子馬がポックリポックリとついていく。それこそ西部劇などに出てくるような、牧歌的なシーンが目に浮かんでくるようです。

それにしても、この「牧場から種馬場へ」の行程。何がどうしたら、そういうことになるのでしょうか。

◆下総ブランドを求めて◆

向かった先は、利根川の向こうにあるチバラギ馬産の中心地。下総御料牧場を核として形成されていた下総ブランド生産地で供用されている種牡馬を求めてのことでした。

「ウチみたいに規模の小さい牧場では、種牡馬を探すといっても、そんなに冒険はできないから。身の丈に合った、無理のない種馬をと考えると、どうしても近くに繋養されていて、種付け料も手頃な種牡馬、ということになるよね。

北海道まで種付けに行く　なんてことは考えもしなかったですよ」

北海道に種付けには行かなかった、という件は後年、劇的に覆されることになるわけですが、それは後述するとして――。

北海道に繁殖馬を連れていけない理由というのは、まさにデメリットとして茨城の生産者に重くのしかかる、いくつかある要件の中のひとつ。

つまり温かい茨城、千葉で出産した後に、種付けのために母馬を北海道に連れて行く場合、受胎率が高いとされる最初の発情を放棄することになります。自然、生まれてくる子馬は遅生まれになりますし、そうなると不利なことがいろいろな部分で生じかねないのです。

馬運車が普及していなかった時代は、それこそチバラギだけでなく、栃木、群馬といった他の関東各地は勿論のこと、青森、岩手なども含めた本州の生産者の多くが、北海道での種付けを嫌う傾向にあったそう。

このあたりは当事者でない人間には理解の及びにくい部分なのかもしれませんが、それだけ一回目の発情のチャンスを逃すことは深刻なのだと思われます。

勿論、生まれて間もない子馬を連れて、遠い土地に移動させることの労力や、そこにあるリスク面などについても想像を絶するばかり。

ごく身近な場所に手頃な種牡馬がいるのであれば、「何も無理をすることはない」、そう考えたとしても不自然ではありません。

身近な場所、というのがチバラギの下総地区であり、手頃な種牡馬、とは下総御料牧場に繋養されている種牡馬であり、軽種馬協会にいる種牡馬であり、菅井牧場、シンボリ牧場、新田牧場といった、個人経営の牧場にいる種牡馬達でした。

それらとの配合のため、栗山牧場の繁殖馬達は利根川を渡る必要があったわけです。

◆追体験の旅◆

それにしても――

茨城県の江戸崎町（当時）から河内町の金江津に行って、利根川を渡った先の千葉県滑川を経由し、現在は新東京国際空港になっている広大な土地を通って御料牧場周辺の三里塚、両国地区へ、という行程。これを徒歩で、というのです。

地図上で直線距離にしても約30～40㎞からある距離。道路が整備されていない当時に馬を引いて歩ける道を通るわけですから、実際の距離は倍以上の感覚だったのではないかと思われます。

どうやって馬を引いて、歩いて移動し、種付けをしていたのか。それは一体、どんなルートだったんでしょうか。

「生き証人」である栗山道郎さんにナビゲートをお願いしました。

「明け方に牧場を出て、金江津に向かうんだけど、江戸崎の街中を通って、田圃《たんぼ》を突っ切って利根川の土手を目指すの。そこまでにいくつかの中継点があって、そこで発情の様子を確認してもらって、〝よしっ、いける〟となったら、そこから渡し場に向かうわけ」

信じられないような話を、事もなげに聞かされているうちに、つい聞き流してしまいそうになって慌てて聞き直したことが、「発情の様子を確認してもらって」のくだり。

通常の順序としては、発情がくるのを確認してから母馬を移動させる、といった段取りなのではないか、と思われるのですが、それはひとえに受胎率を高くするべく、交配にベストなタイミングを狙ってのこと。

それが栗山牧場の場合、言葉は悪いかもしれませんが、タイミングの狙い方が当てずっぽうというか、かなりアバウトというか。とりあえず牧場を出発して、徒歩で経由地まで行ってみてから発情が来ているかどうかを確かめて、種付け可能かどうかを考える、というのですから。

「でも発情の時期については前の年の例もあるからある程度はわかるし、予測もできますからね。そんなに大きく外れるもんでもないですよ。寄せてもらった牧場でアテ馬を借りて、見極めてからのことでもあるし。それに経由させてもらっている牧場まではそんなには遠くないので、発情がこなくても出直せるから」

その「経由地」のひとつが、栗山牧場前史の項で扱った、先代の博氏が馬産を始める際にいろい

秋本牧場の厩舎

ろ話を聞いたという「すでに馬産を行っていた近くの牧場」の秋本牧場です。

軽種馬協会の資料では、昭和28年に生産された茨城産馬の生産者として、唯一、記載されていますが、戦前から軍馬を扱っていたと言いますから、道郎さんが「茨城で一番古いくらいの牧場なんじゃないか」と言うのも、あながち大袈裟な話ではなさそうです。

現在は生産こそ行われていませんが、休養馬や乗馬の受け入れに、昔ながらの形状の厩舎を〝現役〟として、そのまま使用しています。

その佇まいは往時を偲ばせるもので、まさに老舗の風格を漂わせています。

「秋本さんのところで発情が認められるまで、一旦ウチに戻って待機して、確認が取れたら今度は自転車で秋本さんのところまで行って、そこからまた徒歩で、馬を引いて金江津に向かうんですよ。

大体、朝早くに出て、秋本さんのところに寄ってからだから、渡し場に着くのは昼頃の感じだったかな。河内町に入ってからは田圃の畦道を突っ切っていくんだけど、場合によってはもう一箇所くらい休憩させてもらったりしながら。

そこは牧場ではなく、草競馬（取手や荒川沖）の騎手をやってた人の家で、馬房があったんだよね。そこで馬を繋がせてもらってね」

その場所も訪ねましたが、県道に面した場所とあって、すっかり様変わりしてしまっていました。

この徒歩での輸送、そして渡し船に乗っての利根川越えを追体験する旅で、一番の障害となったのがこの点。当時と様変わりした街の風景、そして道路事情です。しばしば道に迷っては来た道を戻り、ルートを確認し直す、といったことを行いました。

もっとも、ざっと50年以上が経過しているのですから、当たり前と言えば当たり前のことでしょう。それでも、ところどころに痕跡のようなものが残されているのは興味深いものでした。

そうして改めて、そういうものなんだな、と思わされたのが、神社やお寺が旅人にとって重要な道標として機能する、ということ。

それは小さな祠《ほこら》だったり、お地蔵様であったりする場合もあります。それら名もない神仏の謂われを地元の方々に聞いてみたりすると、これまた驚くような符合に行き付いたりもします。

彦五郎大明神

一例を挙げると、こちらは現在の茨城県稲敷市内にある、石に彫られた文字も確認しづらいのですが、「彦五郎大明神」（寛政七年＝1795年）と呼ばれる石祠です。

江戸末期に通称〝ひこごろう〟という博徒が近在にいたらしく、今では地元でも知る人ぞ知る〝勝負事の神様〟として信仰されているのだとか。

「なんとはなしに傍を馬を連れて歩いていたんだけど、勝負事の神様だったとは。なにか縁があったのかもしれないね」

と道郎さんも感慨深く笑います。

さて、栗山牧場から丘陵地を通って（現在は山の一部が宅地としてさら地になっていたりする）、江戸崎の市街地を抜け、秋本牧場を経由して河内町に入り、延べにして8～10時間かけて金江津の渡し場まで来ると、そこでまたひと苦労があったそうです。

「馬がちゃんと言うことを聞いて船に乗ってくれればいいんだけど、なかなかいつもいつもそういう気分になってくれないの。そもそも船底までの段差を嫌がって、最初は頑として乗ろうとしなかったよね」

水郷地帯の水田を耕す労働力として、重用された代表的な動物は牛です。周辺一帯に広がる江間（えんま）と呼ばれる水路を移動する際、サッパ船（小さな手漕ぎ舟）を利用しますが、牛達は個体差があるとはいえ、ごく普通に舟に乗り込んで耕作地に向かったのだそうです。

馬も同じように労働力として重用されたものですが、馬は臆病なのか慎重なのか、あるいは労働を強いられることが理解できるのか。とにかく、船に乗る、という行為そのものを嫌ったようです。

事実、今回の取材中、馬の輸送や生態に詳しい何人かの先輩方に話を聞く機会がありましたが、ほとんどの方が船での輸送に驚き、それだけでなく「馬は渡し船には乗らないものですよ」と教えてくださる方もいました。

しかし、それでも、栗山牧場の馬達は船で利根川を渡ったのです。

「どうしても船に乗ろうとしない時は、少し下流の東村（現・稲敷市橋向）まで行って浮橋を使って神崎（千葉県香取郡）に渡ったり、もっと下流まで行って水郷大橋を使って佐原へ渡った時もあった。その場合は別の経由地を使わせてもらうんだけど、これは遠回りになって大変だった。ただ、いろいろ試しているうちに、普通の船の横に、ひら船を繋いだものだったら馬が乗ることがわかったんだよね。だからやっぱり、桟橋から船底までの段差を気にしてたんだと思う」

種馬がいる牧場によっても下流の橋向から神崎に架けられた浮橋を使うこともあったそうですが、通常の目的地は成田市の御料牧場周辺ですから、基本、利根川を渡る際には金江津―猿山（現・成田市）の渡船を使っていたようです。

ちなみに、橋向―神崎を結ぶ渡船もあったそうで、こちらは渡船場跡とされる現在の川岸風景。川向こうに見えるこんもりした森は神崎神社です。

ただし、こちらの渡船を栗山牧場の馬が使うケースはなかったようです。やっぱり浮橋の方が安全ですし、何より馬を船に乗せるより引いて歩く方が楽で、安全でもありました。

話を戻します。

橋向―神崎ルートの渡船場跡近辺

渡船で使われていた〝普通の船〟というのは、焼玉エンジンの、いわゆるポンポン船と呼ばれる物。一方、〝ひら船〟というのは船体を上から覆うように厚板を敷き、急造の甲板付きのような船にして、台船代わりに仕立てたもの。これをポンポン船につないで曳航していました。

その乗船賃、なんですが、昭和42年頃の記録に１人10円。自転車、オートバイ、自動車等は別料金が課されて15円と伝わっています。

ということは、馬の場合も別料金が課されたであろうと推察されますが、こちらの資料は今回の取材時には見つかりませんでした。道郎さんも「いやぁはっきりとは覚えてないなあ」とのことで、或いは特別扱いにしてもらっていたのかも…？

実際に船に乗った馬の写真、というのも残念ながら見つかっていません。

この写真を紹介できないことは痛恨の極みではあるのですが、よくよく考えてみると、何しろ繁殖期に限られる渡航のこと。昭和40年頃にはデジタルカメラは勿論、携帯電話やスマートフォンなどもありませんから、一般カメラマンの撮影は期待できません。それこそプロのカメラマンが偶然シャッターチャンスに居合わせる、といった奇跡でもない限りは、ほとんど難しかったでしょう。

それにしても、ひら船に乗ったはいいのですが、母馬はともかく一緒にいる子馬。ほんの数分のこととはいえ、おとなしくしていられたのかどうか。

「本当、そうだよね。考えてみたら、よくおとなしくしていたもんだと思う」

証明できる物がない以上、母馬と子馬が寄り添って船に乗っている姿―ほのぼのとした風景―というのは想像するしかありません。しかし、だからこそ現実にあったはずの原風景として、語り継ぐ必要があるのだと思います。

◆利根川を渡った先に◆

話を追体験の旅に戻しましょう。

金江津から渡った先は、現在の千葉県成田市猿山。渡し場は〝源太河岸〟と呼ばれていました。現在は水門への引き込み路のようになっていて、賑わった往時の様子を窺い知ることはできません。ただ、地元の皆さんが釣りを楽しむ川べりまで降りていくと、どことなく雰囲気が感じられたりしないでしょうか。

その船着き場で、道郎さんと馬達を迎えたのが、兄の豊氏です。ここで徒歩による輸送を豊氏にバトンタッチして、種牡馬がいる御料牧場周辺の三里塚地区へ向かうことになります。

ＪＲ成田線の滑河駅の脇を突っ切って、小御門神社へ向かう現在の県道79号線沿いを南下し、東関東自動車道と首都圏中央連絡自動車道（圏央道）の大栄ＪＣを過ぎて…というルート。

源太河岸、昭和40年頃（撮影・佐藤有氏）

平成30年源太河岸跡。右は常総大橋

そこから更に南下して御料牧場を抜け、三里塚方面に向かうわけですが、現在は行く手が広い範囲にわたって塞がれていて、いかなる方法を駆使しても、かつてのルートを辿ることはできません。新東京国際空港（現・成田国際空港）が昭和53年に開港したからです。

つまり、道そのものが消えてしまったのです。

景色が変わったとは言うものの、茨城県内はまだそれらしい道がところどころ現存していました。ところが千葉に入ると、

「まったく様変わりしちゃいましたね」

と道郎さん。

もっとものことだと思われます。

千葉に入ってからのルートも、場合によっては途中まで道郎さん自身が馬を引いて歩き、徒歩輸送がなくなって以降もチバラギの生産者として何度も往来。そうして記憶の中に刻み込んだ土地に、見たこともない広大な空港施設が横たわったわけです。風景が全然違って見えて当たり前でしょう。

塀の外の高い建物から、遠く空港敷地内を眺めていると、そこだけは昭和50年頃から何も変わっていないかのような錯覚を受けます。が、それ以前、のことになると、本当に、まったく想像の範疇を超えてしまいます。

ここに御料牧場があって、一般社会とは違った時間の流れ方をする場所があった…。

夢から目を覚まして現実世界に戻りましょう――

栗山牧場がスタートした当初は、繁殖馬達の最終目的地は、種牡馬を供用していた菅井牧場だったり、新堀牧場だったりしました。でも道郎さんから母馬の手綱を引き継いだ豊氏が向かった先は、こちらも名門の千代田牧場でした。

ただし、こちらは御料牧場にも日本軽種馬協会千葉支部にもほど近い立地とあって、最終目的地ではなく、最終経由地、でした。他にも最後に寄る牧場はありましたが、千代田牧場にお世話になることが多かったようです（ここまでの総所要時間が約15時間！）。

千代田牧場の現在の代表者である飯田正剛氏にも話を伺いました。

「自分が小学校に上がってまもない頃だったと思うけど、よく覚えてますよ。頭絡とか馬具ごと馬を置いてって。そこからウチの方で種馬場に連れて行ってね。4本の足に特製のわらじを履かせてさ。よくまああんなことやってたよねえ」

〝本当だよなあ〞

横で笑いながら聞いていた道郎さんが話を引き継ぎます。

「先々代（千代田牧場創設者である故・飯田武氏）にはお世話になってね。一緒に連れて行った子馬を買ってもらって、そのまま離乳まで親子で置いてもらったりしたこともあったんだよ」

このあたりにもチバラギの深い関係性、絆のようなものが感じられます。それにしても大らかと言うのか、のんびりしていると言うのか。それともこれはホースマン同士の〝阿吽の呼吸〞と言われるものなんでしょうか。

それでも、実際に離乳まで預かっていたことを聞いた正剛氏、やっぱりびっくりした表情で、

「そんなことがあったの?それは知らなかったなあ」

と感嘆混じりに答えていました。そのうえで、

「自分も貨車で北海道に馬を連れて行ったりしたことがあるんだけど、こういう話は若い人達にこそ聞かせてやらないといけないよね。古い人達がそういう経験をして馬産ってものをしてきて、それが今に続いているんだもの」

道郎さんも隣で頷くばかりでした。

◆船輸送の終焉◆

渡船を利用した下総地区への輸送は、前述した常総船橋が架けられる昭和42年まで続きます。そして栗山牧場で馬運車を頻繁に利用するようになるのは、もう少し後年のことですから、それまでの間は常総船橋を渡っての徒歩輸送が続きました。馬の繁殖期は春先の渇水期に当たるので、ちょうど船橋は架けられた期間だったのです。

この常総船橋。徒歩は無料ですが、自転車、オートバイ、自動車は有料でした。一応、橋ですから、馬はどういう扱いになるのか難しいようにも思いますが、船の場合と同じく、残念ながら取材時には詳細な資料が見つかりませんでした。

渡船も船橋も、馬が利用する際の料金については、後の調査に委ねることにします。

ともあれ、昭和44～45年頃から栗山牧場も馬の輸送に馬運車の利用が主となり、渡船、常総船橋を利用しての徒歩輸送、渡船輸送は行われなくなります。

昭和54年2月13日に常総大橋が開通。それに伴って渡船、常総船橋の歴史が幕を閉じると、「馬が船に乗って利根川を渡った」風景も、その事実も歴史の彼方へ押しやられ、人々の記憶からも忘れ去られることになりました。

でも事実として、馬が船に乗って利根川を渡り、千葉に種付けに行っていました。栗山牧場は、そうすることで牧場の基礎を築いていったのです。

そして牧場としての新たな性格を宿して、成長を遂げることになっていきます。

第3章

3人の調教師

1 栗山牧場成長期〜三井末太郎調教師

◆育成牧場の草分けとして◆

前章で見てきた通り、今では想像がつかないような苦労を重ねながら、栗山牧場の生産も軌道に乗り始めます。とはいえ、多額の経費を投入し、生産した馬を高く売却する、といった大手牧場の経営スタイルを採用できる規模でないことは、栗山家の皆さんも重々承知していました。

そんななかで、当時はまだ日本のホースマンの多くが着手していなかった〝育成〟の分野に目をつけます。

牧場を開場して間もない頃、初めて渡った北海道。

遠い記憶の隅っこに仕舞い込んでいても、まざまざと思い出す悔しい思いをした日。

〝俺のところでは厳しく鍛えていこう〟

と生まれた信念が、ここから存分に発揮されることになります。

この信念を貫くのに、最初に背中を押してくれたのが故・三井末太郎調教師でした。

〝これからは厩舎ではなく、牧場で馬を鍛えるようになる。土地があるのだから、育成専門の牧場をやってみたら〟

そう勧められたのがきっかけで、昭和40年代の始めに本格的に育成をスタートすることになります。

今でこそ育成牧場の重要性は、競馬に関わる人なら当たり前に共有している〝常識〟と呼べるものですが、美浦トレーニングセンターが開場する前の、それぞれの競馬場の敷地内に厩舎が置かれている時代には、なかなか思いもよらぬ施設だったのでしょう。

そこにいちはやく重要性を見出していた人物がいたわけです。

三井末太郎調教師は明治43年（１９１０年）生まれ。現在のファンに馴染みのある競馬関係者の名前を挙げると、大久保洋吉元調教師の叔父にあたる人物です。東京競馬場に厩舎を構えていて、代表的な管理馬に、顕彰馬タケシバオーがいます。

少し話は逸れますが、その昔。

昭和53年に開場した美浦トレーニングセンターは南北2面のコースを有しています。東京、中山、白井に分かれていた各厩舎が、南北の厩舎エリアに再編、統合されることになりますが、競馬記者らは業務分担を円滑にするために、各調教師がそれまで所属していた競馬場の名前を使って、〝旧府中系〟〝旧中山系〟〝旧白井系〟という呼称を使うようになります。

そうして、例えば二本柳俊夫師は「南の中山系」とか、尾形藤吉師は「北の府中系」と言った具合にして、取材担当の厩舎を振り分けていました。

昭和時代の記者達には今でも通用する言い方ですが、平成を経て令和を迎えた今となっては、死語になるのは致し方ないところ。


本題に戻って。

トレセン開場後の言い方を用いれば、三井師は府中系です。〝チバラギ〟に馴染みの深い中山、白井の調教師ならわからなくもないですが、三井師はどのようにして茨城県の栗山牧場と出会うことになったのでしょうか。


道郎さんは言います。

「三井先生は御料牧場で馬を買うことも多かったと思うんですよ。それでこっちに来ることが珍しくなかったんじゃないのかな。

一番最初にうちに来たのは、確かお世話になってた馬主さんに連れられて、だったと思います」

そこで前述した、

「これからは厩舎ではなく、牧場で馬を鍛える時代がくる」

といったやりとりがあったのでしょう。

以来、北海道で生まれた子馬を東京競馬場へ移動させる途中に栗山牧場に寄り、馴致（ブレーキング）までを施した後で入厩させてみたり、或いは北海道でレースを走った馬が帰厩する際、復帰戦の前段階でのトレーニングを行う場所として利用したり、単純に休養のための放牧場所として使うこともあったようです。

前記タケシバオーや、三井厩舎のもう一頭の活躍馬であるライトワールド（京成盃、日本経済賞、京王盃ＡＨ、オールカマーの重賞４勝）も栗山牧場で休養していました。

要は、栗山牧場を育成牧場としてまず最初に利用した一人、という言い方ができるのかもしれません。

「三井さんに口酸っぱく言われたのは、とにかく運動をさせろ、ってこと。今じゃちょっと考えられないけど、鞍を着けないでコースに何頭か入れて、それでバンバン走らせるの。勿論、真っ直ぐに走る馬ばかりじゃないから、通常の追い切りみたいなわけにはいかないですよ。でも、それで何周も走らせる。あの当時、うちの調教コースは1周５００ｍくらいだったのかな。

そこを20周くらいは走らせてた。ハードだったけど、三井さんの主張ってのは一本筋が通っているというのか、そういうことでは徹底した考え方を持っていた人でしたね。

いつだったか、三井さんが別の牧場の様子を見に行った時の話だけど、そこの牧場のスタッフは調教師が見に来るっていうので、預かっている馬をブラッシングして馬体をピカピカにして見せたそうなんだ。そうしたら「あそこは馬を可愛がり過ぎている」と言って気に入らなかったらしい。

あと、日光浴の大事さもよく言われましたね。とにかく日中に放牧時間をたっぷりとるようにって。北海道よりも日照時間が長いんだから、それを生かさないと、ということだった。確かに北海道と比較したら、本州は昼間に放牧できる時間だけは絶対に負けないですから」

三井師が管理した代表馬であるタケシバオーと言えば、1965年(昭和40年)生まれで、2歳時から長く、幅広く活躍した元祖〝怪物〟です。

戸山為夫元調教師の著書『鍛えて最強馬をつくる―ミホノブルボンはなぜ名馬になれたのか』の中で、「タケシバオーは持ち乗りだった」という一節が出てくるのですが、未確認ながら、もしそうだとすれば、三井師はこの点においても先んじた考えを持っていた、ということになります。ともかく、そういう調教師に育てられたタケシバオー。

３歳時はクラシックにこそ手が届きませんでしたが皐月賞、ダービー2着。その一方で長らく破られることのなかったダート１７００mを筆頭にダート戦でレコードを連発。
４歳春には今度は芝の１６００mでレコード樹立後、返す刀で天皇賞（春）を制覇。かと思えば62kgを背負って芝１２００mをレコード勝ち（克服した最高重量は65kg！）。しかもその間、３歳秋にアメリカ遠征を敢行するというタフネスぶり（最終戦も2年連続で挑戦したワシントンＤＣ国際レースでした）。

現在で言うところのＧⅠは2勝。うち1勝は2歳時のものであり、それで長く評価が分かれたせいか、顕彰馬に選出されたのは21世紀になってからの２００４年。しかし、これらの成績を見て、〝怪物〟と呼ばずしてどうしますか。

道郎さんが回想する三井調教師のエピソードを思い起こしながら、タケシバオーのキャリアを並べてみると、タケシバオーこそ三井師の、調教師としての理念、理想の最高形として具現化したサラブレッドだったようにも思えてきます。
タケシバオーが引退した翌１９７０年（昭和45年）に三井調教師が亡くなったことも、運命と呼ぶには陳腐なようにも思えますが、何かの符丁のようではあり、師とタケシバオーのつながりを強く感じさせられる要因にもなっています。奇しくも、戸山師がなくなった翌年、ミホノブルボンが引退したように…。

そしてまた忘れてならないのは、三井師とのやりとりが、育成牧場の草分けとしての栗山牧場の礎を築くことになった可能性。

見落としてはならないひとつの重要なファクターなのだろうと思います。

「チャイナロックの子とか、うちでは扱ったことがないような高馬を連れてきては、平気で他の馬と同じようにハードにやれって言うんだ。大丈夫だからって。

うちに来た時に500kgくらいある馬でも、そんな調子で攻め馬を指示して、競馬場に戻ってからもまたハードに調教をやるもんだから、450kgくらいまで絞れてデビューするなんてこともありましたよ。

極端に思うかも知れないけど、でも、そういう調教を積んだ馬はケガをしないの。やっぱり丈夫な馬に育つような気がしましたね。

いろんなことを学ばせてもらったし、本当、三井先生にはお世話になりましたよ。はっきりと影響を受けたと思う」

道郎さんが静かに発したこの言葉には、思い出を手繰るといった情緒的なものではない確かな自信と力強さが感じられたものでした。

こうして、ハードワークで鳴る〝栗山メソッド〟が醸成されていったのでしょう。

2 もうひとりの名伯楽～松山吉三郎調教師

◆運命的な出会い◆

栗山牧場とは別に、草創期の育成牧場として名前を挙げられる牧場のひとつに、山梨県大月市にあった富士宝牧場があります。昭和40年代半ばに育成牧場として開場し、もっぱら東京競馬場に所属した、いわゆる旧府中系の調教師が利用しました。

地図を見て茨城県との距離を比べてみれば、東京寄りの山梨県なら、府中系の調教師が利用するのはごく自然な地理関係です。

その中の一人に、故・松山吉三郎調教師がいました。利用していたと言うよりも、設立から深く関わっていたのですが、細かい経緯はさておき、育成牧場の重要性を理解していた人物が、ここにもう一人いたことになります。

松山吉三郎師は大正6年（1917年）生まれ。調教師として1358勝（平成31年時点で歴代3位）を挙げた調教師顕彰者。

サレブレッドの血統解説的な言い方をすれば、ウィナーズサークルを管理した松山康久調教師の父、です。

鹿児島県姶良郡（現・霧島市）出身で、父、徳蔵が尾形藤吉厩舎の厩務員となるために上京。自身も昭和4年に見習騎手となり、昭和9年騎手免許取得。昭和10年にレイロウで初騎乗、昭和11年にアカイシダケで初勝利を挙げます。

ただ、いかんせん所属したのが名門・尾形藤吉厩舎。名門であるがゆえ先輩ジョッキーも多く、なかなか騎乗機会に恵まれません。その後、肺結核を発病するなどもあって騎手としての成功を断念。戦後の昭和25年になって調教師免許を取得して開業すると、ダービー2勝、有馬記念2勝、天皇賞（春）3勝、オークス2勝等、数々の大レースを制することになります。

生前、トレセンで遠目に見た僅かな記憶を辿ってみても、典型的な職人気質の調教師、という捉え方ができなくもない人物でした。

しかし、その反面で早くから育成牧場の必要性、重要性を認識していたのだとすると、新しい方法論も柔軟に取り入れる開明性を持った調教師、ということでもあり、それはすなわち、文字通りの名伯楽だった、ということなのでしょう。

栗山牧場創設者である博氏が、吉三郎師と出会ったのは昭和37～38年頃。ということは三井師との出会いとほぼ同時期になるのでしょうか。ともかく、繁殖牝馬の買い付けに東京競馬場を訪ねた時のことでした。

その際にヒダレンポウという牝馬を購入します。もともと吉三郎師が管理していましたが、一旦、別の厩舎に転厩後、栗山牧場にやってきた馬でした。吉三郎師に「２５０万円です」と言われて、「ではいただきます」といった簡単なやりとりだったと博氏は回想していますが、当時の２５０万円は決して安い買い物ではなかったはず。

でも、その時の何気ないやりとりは、双方にとってその後の信頼関係を築いていくのに十分だった、ということになっていきます。

ヒダレンポウは期待通りの、いやそれ以上に子出しのいい繁殖馬でした。昭和40年から14年連続でコンスタントに産駒を生み続けて、栗山牧場の経営基盤を支えるとともに、発展に重要な役割を果たすことになるのです。

ひとつの出会いが、運命の扉を開く大きな力として作用する、その典型的な例なのだと思えてなりません。

管理馬の様子を確認する松山康久師と在りし日の松山吉三郎師（右）。（撮影・米山邦雄氏）

それは松山吉三郎師が管理した元祖〝帝王〟ことモンテプリンスが、種牡馬シーホークの産駒であり、吉三郎師の子息が松山康久調教師だった、ということにもストレートに表れていると言っていいでしょう。

栗山牧場にとって重要な〝3人目の調教師〟として登場する康久師との関わりこそが、〝茨城産の白いダービー馬〟誕生につながるのですから。

3 美浦トレセン開場による転機

◆ゆっくりと開花期へ◆

昭和40年初頭、本格的に育成牧場としての顔をスタートさせた栗山牧場。三井末太郎師、松山吉三郎師という、職人気質の名伯楽二人の協力を得て、育成面で着実な成果を上げつつ、生産の方もゆっくりではありますが、徐々に開花期に向かいます。

昭和30年代後半の生産馬は1～2頭で推移していましたが、昭和40年代に入ると4～8頭に微増。昭和50年代に入ると、前述の通り53年に美浦トレーニングセンターが開場。これが大きな起爆剤になりました。

何しろ東京、中山両競馬場と、白井の3箇所に分かれていた馬と関係者が大移動。それによって育成部門は益々需要が増えることになります。それに呼応するように生産部門も51年10頭、52年12頭、53年11頭へと増えていきます。

この頃の栗山牧場は、オーナーである博氏の指揮のもと、敷地を分散させる形で、便宜上、繁殖部門を兄の豊氏が担当し、育成部門を道郎さんの方で担当する、というスタイルを取っていました。その方法がうまく回転していたものと思われます。

無論、大手の牧場と数字を単純比較することはできません。敷地面積から繁殖牝馬の頭数など、決定的に違っている部分は否めないのですから。

しかし、ＪＲＡでデビューするのは国内全生産頭数の半数か、それより少し多い程度。であるにもかかわらず、すべての生産者が目標とする日本ダービーに限れば、昭和44年のドウカンオーで6着。51年にもドウカンソロンを出走させ（24着）、63年はクリノテイオーでも挑戦（14着）しています。

また、地方競馬の方でも、クリノサンフォードが昭和63年のダイオライト記念で重賞初制覇を挙げるなど、着実に結果を出していました。

この時点ですでに、茨城の小さな生産牧場としては、珍しく成功した数少ない牧場だったと言えるのでしょう。この段階ではまだ〝奇跡〟とは呼べないまでも。

でも、次の段階はすぐそこに迫っていました。

◆もう一頭の名牝◆

松山吉三郎師との縁を結び、牧場の礎を築くことにも貢献した牝馬ヒダレンポウについては先に触れましたが、栗山牧場にとって、もう一頭、重要な役割を、いや大変な功労馬と言うべき牝馬がいます。

前節で挙げたクリノサンフォード、クリノテイオーの母クリノアイバーです。

「デビューする前に、育成のためにウチに入ってきてたんだ。それを見てて、ひらめいたって わけではないんだけど、なんか欲しくなったんですよね。それで親父に言って買ってもらった。 ４００万とか５００万とかだったかな」

栗山博名義でレースにも出走し、昭和54年～56年の間に10戦して１勝、２着２回の成績を残します。その後に、栗山牧場で繁殖入り。

最初の産駒が、前述のクリノサンフォードです。

昭和57年生まれ、松山吉三郎厩舎から昭和60年3月にデビュー。新馬、山桜賞を連勝しますが、その後、15戦して未勝利に終わり、昭和62年、南関東の船橋競馬に移籍。その翌年、６歳になってダイオライト記念を制して、牧場として初めてとなる重賞勝ちの栄誉をもたらすことになります。

2番子になるのが、何年かの不受胎を挟んで、クリノサンフォードから3歳年下となるクリノテイオーです。

こちらは昭和60年生まれで、松山康久厩舎から昭和62年にデビュー。2歳時に2勝し、3歳になって4戦目の若葉賞を快勝すると、前述の通りダービーに駒を進めて14着。その後も重賞には手が届くことはありませんでしたが、小倉大賞典や新潟大賞典といった重賞路線で入着したり、条件戦に降級してからもコンスタントに走り続け、平成3年の1月まで現役を務めました。

このクリノアイバーの2頭の産駒が着実な成績を残し、栗山牧場の存在が俄然注目を集め始めるようになったまさにそのタイミングに、クリノテイオーのすぐ下の弟として昭和61年に生まれたのがウィナーズサークルでした。

クリノアイバーを購入して、繁殖馬として使うことにしたのは、まず最初に栗山牧場に訪れた奇跡だったと言えるでしょう。すべてはここから始まったわけですから、確かに大きなことではありました。

しかし、栗山牧場に起きる奇跡は、我々ごときが簡単にイメージできる範疇にとどまるようなことではありませんでした。

次から次に、〝それ〟は起こることになるのです。

4 神馬《しんめ》にまつわる奇跡〜松山康久調教師

◆馬との対話を求めて◆

時代はくだって平成26年5月。

まだそれほどお客さんのいない土曜日の昼前の東京競馬場。

リーバイスのジーンズに麻のシャツ、その上にエーグルのベストを羽織って、ＭＬＢニューヨーク・ヤンキースのクラシック仕様の記念キャップを頭に被った男性が、スタンド1階入り口脇に設けられた（当時）ビギナーズセミナーの建物に入って行っていきました。

そして講師の女性がひととおりの説明を終えた後、赤いマークカード（ボックス・フォーメーション用）と青いマークカード（連複・連単ながし用）の違いや利用方法を質問し始めます。繰り返し、何度も。とにかく理解できるまで、の気迫すら感じさせるような熱心さで。

誰あろう同年2月に定年引退したばかりの松山康久元調教師でした。

「マルチとフォーメーションっていうのが、どうにも難しくて」

と、しきりに首をひねりながら、ニコニコして2枚のマークカードを見比べます。その姿は、ラフな出で立ちから受ける印象も手伝って、ごく普通の競馬好きな初老の男性にしか見えません。

「引退したら馬券は買ってみたいと思っていたんです。その売上で競馬が成り立っているから、とかいう難しい話じゃなくて、単なる興味本位（笑）。ファンの皆さんがあれだけ熱中できるのは絶対に面白いからだろう、と思って。

父も調教師をヤメた後にちょこちょこ買ってたみたいなんですよ。なかなか当たらないってこぼしていたみたいだけど（笑）。

私？ 予想するだけならそれなりに当たる方じゃないかな。だけど馬券の目の買い方となると難しいね。

だから赤と青のカードを上手に使うにはどうすればいいのかなと…」

と言いながら、話を聞いているこちらに逆質問が始まることもしばしば。ビギナーズセミナーの講師を務めた女性も、まさかその男性が三冠馬ミスターシービーを育てただけでなく、ウィナーズサークルとで2頭のダービー馬を管理し、通算１００１勝を挙げた調教師顕彰者であるとは、おそらく夢にも思わなかったことでしょう。

松山康久師は昭和18年9月４日、松山吉三郎師の二男として東京に生まれます。

身近に馬がいる環境に育ち、父親の仕事ぶりを間近に見て、子供の頃からごく自然に馬に乗ることを覚えた少年は、まずはやっぱり華のある騎手に憧れを抱きます。ところが、中学生になる頃には身体が大きくなり始め、最初の夢はアッサリ断たれてしまいます。

それでも馬に関わる仕事をしたい、と考えた少年が、父の背中を追うことになるのも、ごく自然のなりゆきでした。

ただ、少年は当時としては珍しいルートを進むことを選択します。高校卒業後、麻布獣医大学（現・麻布大学）に進学するのです。無論、獣医になるためではありません。馬を扱う仕事をするために、「獣医の知識が役立つだろう」と考えたためでした。

このあたりの経緯について、ひとつの考え方として松山師はこう語ります。

「馬のことを〝競走馬〟としてではなく、〝馬〟そのものとして見る。そうした方がサラブレッドに対する見識がより深くなるんです。馬は人の言葉は話さないけど、対話はできる。ジッと観察して、こちらが理解する努力を怠らなければね。

その結果、もしかしたらいろんな錯覚が生じる場合もあるかもしれないですが、それがまた更に競馬を魅力的なものにすることもある。

とにかく馬をより深く理解するためには、いろんな知識を身につけて、広く深く考える必要があると思うんです」

というもの。

この姿勢の延長線上に、馬券購入があるのかもしれません。馬券を買うことと馬を理解することが、どこでどうつながるのか、というと、そこに思いもよらぬヒント、発見があるかもしれないからです。

「サラブレッドを記憶するのにね、私はキャッチコピーをつけるんです。〝白い稲妻〟とか〝漆黒の帝王〟とか、JRAのポスターにありますよね。あんな感じで。

その時に、いろんな視点があった方が楽しいでしょ」

馬券を購入することで、ファンの気持ちを少しでも理解できれば、より面白いコピーがつけられて、より競走馬達の理解度を高められる、ということでしょうか。

いずれにせよ、その発想で得られた貴重な知見が、調教師としての仕事の幅と、そして可能性を広げたことは間違いありませんでした。

師のキャリアの続きに戻りましょう。

昭和41年に麻布獣医大学を卒業した松山師は、父の厩舎で調教助手として働き始めますが、その前段階として北海道の日東牧場へ８カ月間の牧場研修を指示されます。

そして昭和43年10月から昭和45年２月にかけての約１年４カ月には、前章でも触れたアメリカ〜ヨーロッパでの武者修行を敢行。ニューヨークから移動したフランスでの２カ月間には、イギリスのニューマーケットへの輸送も行うなど、精力的かつ中身の濃い日々を過ごすことになります。

「あのアメリカ、フランス行きは、自分にとって大きな財産になりましたね」

と認めます。


その貴重な経験を手土産に、帰国して４年後の昭和49年、31歳の若さで調教師免許を取得、昭和51年に厩舎を開業。

その翌年、外国産馬ギャラントダンサーの朝日杯３歳Ｓで早くも重賞初制覇。順風満帆にキャリアを重ねた開業７年目の昭和58年には、ミスターシービーで史上３頭目となる牡馬クラシック三冠を達成。また史上初となる父子調教師によるダービー制覇も成し遂げます。

そしてその３年後、着々と名伯楽への階段を一歩一歩登っている途中の昭和61年。自らが提示した配合プランで生まれた白い馬と出会うのです。

◆誕生前の奇跡◆

草分けとしてスタートした育成牧場の側面が軌道に乗った昭和50年代。それでも栗山牧場の生産はやっぱり〝チバラギ〟ブランドでした。

前述した栗山牧場のダービー出走馬の父馬は、それぞれドウカンオーがワラビー、ドウカンソロンがパーソロン、クリノテイオーがモバリッズと、すべて千葉県に繋養されていましたし、唯一の重賞勝ち馬であったクリノサンフォードの父サンフォードラッドも新田牧場（現・緑の牧場、成田市）にいたのです。勿論、渡船や浮橋の利用は昭和40年代後半には終了していて、馬運車を使用しての輸送にはなっていましたが。

これら一連の流れを思えば、昭和60年のクリノアイバーのお相手にサンフォードラッドを予定するのは、ごく自然な流れだったでしょう。実際、そう決まっていたのです。

ところがここで信じられないアクシデントが起こります。種付けを数週間後に控えたサンフォードラッドが急死するのです。

牧場唯一の重賞勝ち馬の父。その相性の良さに期待しての再度の配合ですから、栗山牧場のスタッフ全員が楽しみにしていました。しかし落胆している時間はありません。そうかと言って、予定した相手が死んだから急いで別の馬を探さなくては、と言われても、すぐに思いつくものではありません。それでも発情期は近づいてきます。

そこへ声をかけたのが松山康久師でした。

「シーホークをつけてみたら」

と。


シーホークはフランス産の芦毛。アイルランドで6年間種牡馬として供用された後、昭和49年（１９７４年）に日本に輸入され、兄弟で天皇賞を制したモンテプリンス、モンテファストや、ダービー、菊花賞2着の他、弥生賞、ＡＪＣＣ、京都記念、阪神大賞典を制したスダホーク、名古屋競馬所属ながらオールカマーを制したジュサブローなど、長距離戦で豊富なスタミナを発揮する産駒を輩出していました。１９６３年生まれですから、当時すでに22歳という高齢の域に達しつつある年齢でしたが、松山師には迷いはありませんでした。父、松山吉三郎厩舎に所属していた〝帝王〟モンテプリンス、モンテファストの兄弟天皇賞馬2頭を間近に見ることによって、

「種牡馬として潜在的に持っている可能性を感じていた」

からです。


かといって、栗山牧場の方ではさすがに戸惑いがあったようです。

「聞いた時は驚きましたよ。だってそれまで一度も北海道に種付けに行ったことはなかったんだから。そう、あの馬が最初ですよ、北海道に渡ったのはね」

つまり栗山牧場では開場以来の約40年間、一度も本州を出たことがなく、チバラギでの配合、生産以外の選択肢はなかったのです。そこへ新しい道を開くきっかけを作ったのは、他ならぬ松山康久師でした。

また同時に、栗山牧場の関係者が馬産地の本場である北海道への種付けを実行に移すに至ったのは、無論急な種牡馬変更を余儀なくされたことはありましたが、やはり牧場経営が軌道に乗ってきたことで、ちょっとした冒険が可能になった、というタイミングも後押しした側面はあったでしょう。

そういう〝時節〟というものが、理屈ではなく運命を変えるような働きをするケースがある、という好例かもしれません。

ともかくも、クリノアイバーは津軽海峡を渡ってシーホークの子を宿し、結果、翌昭和61年4月10日、のちに第56代目の日本ダービー馬となるウィナーズサークルが生まれることになるのです。

種付けを予定していたお相手が急死し、急遽ピンチヒッターとしてご指名を受けたシーホーク。

この馬の芦毛をウィナーズサークルは受け継ぐことになりました。

白い馬と言えば、神社などに奉納される白馬のことを〃神馬〃…神（かみ）の馬と書いて「しんめ」と読みますが、美浦トレーニングセンターからほど近い、稲敷郡（現・稲敷市）江戸崎町にある栗山牧場に降臨した白い馬。

それは松山康久調教師が言う通りの、「神から授かった馬」でした。

第4章

神馬降臨

1　デビューまで

◆生まれてすぐのエピソード◆

「本当に白かったんだ。初めて見たのは生まれてすぐ…2日目か3日目くらいだったと思うんだけどね。普通の芦毛の場合、生まれてすぐはネズミ色っぽい少しくすんだ色をしてるよね。それなのにあの馬は、本当に最初から真っ白だったんだ。珍しいのもあるけど、特別な何かを持った馬なんじゃないかと思ったよね」

と当時の興奮そのままに松山師は振り返ります。

馴染みのある芦毛と聞いてすぐに思い浮かぶのはオグリキャップでしょうか。それともメジロマックイーン？　タマモクロス？

平成のGI級ではごく最近のゴールドシップでしょうか。クロフネ、セイウンスカイ、ビワハヤヒデなどもすぐに名前が出てきますし、少し考えればスノードラゴンやファビラスラフイン、ヒシミラクル、ハクタイセイなどもクラシックやGIを制しています。

逆に昭和の方をもっと遡ればシービークロス、メジロティターン、プレストウコウあたりになりますか。

シーホーク産駒のところで名前を挙げたスダホーク、ジュサブローもGⅠタイトルこそ手にしていませんが、マニアックな（?）固定ファンが少なくありません。

彼らの多くは、確かに2〜3歳時はグレーっぽい毛色で、少しずつ黒い部分が薄れていって斑のようになり、年齢を重ねて徐々に徐々に全体が白くなっていきます。勿論、個体差はあって、早い段階で白味がかってくる馬もいないわけではないですが、一般的な過程としては、まず灰色がかっていて、徐々に灰色の部分が薄れて行って白くなる、という段階を踏みます。

ところがウィナーズサークルは違っていました。

「こんな馬は初めてだったからね。これはもう本当に神様からの授かり物なんじゃないかって、真剣に思ったもんだよ」

自らの進言で種牡馬を決定し、そのことで栗山牧場に初めて北海道での種付けを敢行させることにもなった。そういった経緯から、「特別な授かり物であって欲しい」という思いの強さがどこかにあったのかどうか。

いずれにしても、その3年前には史上3頭目となる三冠馬ミスターシービーを育て、名伯楽への道を着実に歩んでいた当時44歳の気鋭の調教師です。

その彼が惚れ込んだ一頭は、生まれてすぐに白い芦毛馬だったのです。

◆芦毛にまつわる都市伝説◆

かつて芦毛は〝悪し毛〟につながる、とか何とかこじつけられ、少し前の時代までは避けられる傾向にあったと言います。

19世紀後期から20世紀中期に活躍したイタリアの偉大なホースマンであるフェデリコ・テシオですら、優生学的見地からだったのかどうかはわかりませんが、芦毛は一種の病気のようなものと考えていたと伝わっていますから、一般的な風潮としてかなりな嫌われようだったのでしょう。

テシオの捉え方が科学的か非科学的かはひとまず置いておくとして、実際問題として、決して攻撃的ではない馬が自然界に身を置いて天敵と対峙した際を想像すると、筆者個人の描いイメージになりますが、恐らく馬には逃げるしか策がありません。その時に体の色が目立つのはどうなんでしょうか。いや、それ以前に、身を隠さなくてはならないようなケースで、体が白い、というのは決定的に不利な要因になるのではないですか。

それこそ「環境適応力の差によって自然淘汰される」としたダーウィンの進化論を採るとすれば、白っぽい芦毛の馬というのは、やはり群れの中で生きる馬族にあっては少数派にならざるを得ない運命にも感じられます。

一方で、際立って目立つ馬体のせいでしょう、芦毛の馬は歴史的英雄たちの多くに愛されます。有名なところでは、ナポレオンのアルプス越えを描いたダヴィッドの絵にあるように、絵画や映画、時代劇のヒーロー物に、しばしば登場したりするのです。

しかし、これについても、「一軍の将が実戦の場で、敵陣から狙いをつけやすい馬にわざわざ乗るものだろうか」といった突っ込みネタとして扱われ、かと言って単なる笑い話ではなく、なるほどね、と説得力のある説として納得させられたりします。

神性を持った生き物として扱われたのは洋の東西を問いません。が、自然界でも、競走馬の世界でも、芦毛はあまり好まれなかった。それは事実だったようです。

しかし、前述のように、日本では芦毛のＧⅠ馬は少なくないですし、むしろ昭和時代よりも平成時代の方が増えている印象すらあります。また全体頭数における比率を思うと、確率的には悪くない、という見方もできるかもしれません。

それを知ってか知らずか、昭和63年当時の松山師は、都市伝説的ゴシップなどお構いなしに、強い思い入れをベースにして、来るべき平成元年のクラシック戦線に向かうことになります。

そして今回の取材中に耳にした新事実は、「やはり自分は間違えてなかった」──つまり「ウィナーズサークルは特別な馬だった」ことを強く感じさせるものでした。

◆生死の危機を乗り越えて◆

〝チバラギ〟の関係性、絆の強さは何度も触れてきましたが、それは生産者に限ったことではありませんでした。

千代田牧場の近くで開業…と言っても専用の病院施設があるわけではないのですが、ともかくも御料牧場のそばで、長い間にわたって獣医としてチバラギの馬産を支えた重要人物がいます。

小川良夫獣医です。

地元である千葉の下総地区はもとより、茨城県の水海道市（現・常総市）や結城市、谷和原村（現・つくばみらい市）といった遠隔地にまで出張し、馬の体調管理の相談を受けて、手助けをしてきた、いわば〝行動的な馬の獣医〟の代表的な存在。

ペット専門の、いわゆる「町の獣医さん」ではありませんから、馬に携わるような獣医なら、多かれ少なかれ皆さん行動的にならざるを得ないのかもしれませんが、それでもやっぱり、

「忙しい時は朝3時に起きて、帰宅するのが夜の10時とかって生活を、30年以上やってきました。車はすぐに足回りが悪くなる始末で。月に数万キロも走ったりすることがあるんですから仕方ないんですが」

と言いますから、ただの動物好きでは務まるものではなかったはず。

「千葉の生産界については、バブル景気の絶頂期も、その後の急激な衰退ぶりも見て来ました。それでも長く仕事させてもらえたんですから幸せでした」

その彼が、それぞれの生産牧場のスタッフに言い含んでいたことがあります。

「生まれて15時間以上経っても尿が出ない時は必ず連絡するように」

というもの。

前述した通り、当時の主だった繁殖用の施設（馬房、育成馬場を含む）は兄・豊氏が管理する敷地（現・ユタカファーム）に置かれていました。

ウィナーズサークルが生まれた翌日、豊氏から電話を受けた小川獣医がかけつけると、尿管閉塞

平成元年頃の敷地遠景（現ユタカファーム）、奥の厩舎棟が繁殖馬房（写真提供・吉﨑太郎氏）

を起こした白い子馬がいました。

「普通は体質の弱い馬に多いんですが、栗山さんのところは母馬に食べさせてるものがいいのか、子馬が母体にいる期間に成長し過ぎる傾向があったんです。すぐ上のクリノテイオーもそうだったかもしれないな。とにかく、ウィナーズサークルはそうだったんです」

尿管閉塞（尿道閉塞とも）。

書いて字の通り、で、尿が通る管が詰まってしまう症状。

「放っておくと急性の腎不全とかの病気になって、2、3日で死に至るようなことにもなりかねない。子馬が生まれてから、まず最初に注意しなきゃいけないことなんです。それで電話をもらって飛んでいって、カテーテルを使って処置しました。早い段階で対応できて良かったですよ。

それにしても、あの子馬がダービー馬になるなんてね。こういう形で自分が関わった馬がダービー馬になってくれたのは、勿論あの馬以外にいません。誇らしいというか、この仕事やってて、一番の思い出かもしれないですよね」

将来のダービー馬の命を救った人物はそんなふうに回想します。

そして黙って聞いていた松山師は、

「そんなことがあったなんて知らなかったなあ。生まれてすぐに生死の境をウロウロして、そこからダービー馬になる道が開けたってのも、ドラマチックというか、やっぱり奇跡の馬だったんじゃないの」

と興奮気味に語ることになるのでした。

◆調教師の命名◆

生まれた直後のエピソードについて、松山師は30年以上経ってから知ることになりましたが、たとえそれを知らない昭和61年の時点でも、期待の大きさは並大抵ではありませんでした。

すでにお気づきかもわかりませんが、栗山牧場で生産され、博氏が自分の名義で馬主登録して走らせる場合は、一部の例外を除いて、馬名に〝クリノ〟の冠名をつけることが主でした。

なのにこの馬は「ウィナーズサークル」です。

「以前から密かに温めていた馬名で、これは!という馬に命名しようと思っていたんですよ。この馬については配合の段階からシーホークを付けることをお願いしたっていう経緯もあったし、いろんな責任を抱えて関わりたかったたんです」

ＪＲＡホームページの用語辞典によれば、『ウィナーズサークル』というのは、「優勝馬表彰区画」のこと。要は、勝者を称える場所、になります（昭和58年に札幌競馬場で設置されたのが最初なのだとか）。

そういう場所に愛馬が立つ姿を連想してのネーミングなのですから、相当な気合の入り方と言えるでしょう。

「子馬を見るのが好きで…あくまで仕事なんだから、好きで、なんて言ってはいけないのかもしれないけど、とにかく配合の時点から話題になってたような子馬が「生まれた」って聞いたら、北海道でも青森でも九州でも、それこそ全国各地どこでも行ってた頃で、毎年何百頭も見て回ってたんですよ。

そうした中で、贔屓目があるにしても、あの年はウィナーズサークルが一番だと感じたよね。何しろ珍しい白い子馬だから、どうしても特別には見えるんだけど」

美浦トレーニングセンターから栗山牧場までは車で10分ほど。行こうと思えば毎日でも行ける距離で、松山師もしょっちゅう足を運んでいました。それはウィナーズサークルが生まれる以前からでしたが、生まれて以後は、成長するのが楽しみでならなかったようです。

「秋口に離乳するでしょ。放牧場に立つ姿の凛々しいことといったらなかったね。本当にオーラが出ていた。その頃は芦毛というより、白毛のような色をしていて、スラッと手足が長くて、細身に見えるくらいだった。それでいてバランスが取れていて、動きも機敏だったしね。早く入厩させたくて仕方がなかった。」

30年前の、バリバリのホースマンとしての情熱を、今もたぎらせているかのような熱い語り口。半端ではない気合の入り方、というより、イレ込み方、と表現するのが適当なくらいです。

そのことが、師自身が後に「あれはちょっと失敗というか、可哀そうだったかも」という反省材料としてあげられるようなほろ苦いデビューにつながります。

無論、いずれはそれらすべてを好循環へと転化させていくわけですが、はじめの一歩として誤算には違いありませんでした。

2 デビューからの試行錯誤

◆名伯楽に名番頭あり◆

「力強さはありましたが、ヒザが硬いというか、発動が直にくる感じがありました。だから最初の頃は決して乗り味がいい、という感じではありませんでしたね」

と言うのは、当時、松山吉三郎厩舎に所属し、康久厩舎の調教も手伝っていた新畑繁調教助手です。新畑繁助手は当初、騎手志望で栗東の上田武司厩舎の下乗りとしてキャリアをスタートさせます。その後、調教助手として松元正雄厩舎へ移りますが、昭和45年に松山吉三郎厩舎に移籍。吉三郎師が定年引退した平成6年から松山康久厩舎に移り、康久師の定年引退とともに自身も現役生活に終止符を打ちます。

つまり長きにわたり、調教助手として松山親子二代に仕えた―こういう言い方が許されるとするならば―大番頭的な存在の〝名調教助手〟です。

何しろ自身が跨って調教をつけた馬、というのが凄まじいラインナップ。ＧⅠ級だけでモンテプリンス、モンテファストの天皇賞兄弟制覇コンビ、同一年にダービーと有馬記念を制したダイナガリバー、三冠馬ミスターシービー、皐月賞馬ジェニュイン、菊花賞２着ヤシマソブリン、そしてウィナーズサークル。

こう挙げてみて溜息が出てしまうのは、３冠馬を含むダービー馬だけで３頭。ダービー限定で言えばモンテプリンス、ジェニュインは２着ですし、ヤシマソブリンは３着ですから、調教助手という立場としては突出した、稀有なキャリアと言えるでしょう。

もっとも、上記に挙げた馬をＧⅠ級に限定したのは、すべてを列記し始めるとまだまだ字数を取ってしまうため。とにかくＧⅡ、ＧⅢ級の活躍馬も枚挙に暇がないのです。松山師が「名馬の背中を知る男」と言うのも納得できます。

しかも、これらの馬の調教をつけながら、更に調教師と厩務員の間に立って、情報伝達や意思疎通を円滑にするという重要な役割を果たし、チームとしての松山ファミリーを二代にわたって支えたという功労者です。

「明るくて気が良くて、スタッフをまとめるのが上手でね。それで勿論、乗り手としても信頼できた。他の厩舎でたまに耳にするようなトラブルがうちでほとんどなかったのは、繁の労に負うところが大きかった。それがチームとしての厩舎全体の力になっていたと思う」

と言う松山師の言葉からも、全幅の信頼を寄せていたことが伺えます。

なかなか話題にならないことですが、まさに〝名伯楽活躍の陰に名調教助手あり〟の典型例なのではないでしょうか。

その名馬の背中を知る彼が、ウィナーズサークルに抱いた最初の印象は、過去の馬達と比べた時、それほど「走る」という感じではなかった、ということになります。その馬がダービーを勝ったということは、〝想像以上だった〟ことになるのか、個体として〝規格外〟だったのか。

いずれにしても新畑助手にとって〝3頭目〟のダービー馬は、個性的であったことは間違いなさそうです。

◆適性外のデビュー戦で苦杯◆

栗山牧場での馴致を終え、入厩直前の松山師の感触は以下の通り。

「ちょっと利かないところはあったけど、それは若駒だからのことであって、全体には手のかからない子馬だったと思う。育成の段階で不安なところは見られなかったし、１歳秋には順調に調教も進みだして、２歳になってからも順調そのものだったよね。それで早目にトレセンに入厩させて、こちらで調教を進めることにしたんだ」

そうして惚れ込んだ馬は順調な仕上がりを見せて、夏開催の新馬戦でデビューを果たします。

●＝第１戦＝

昭和63年７月23日（小雨・重）

第２回福島３日目第３レース、芝１２００ｍ、４７８kg。

「父親がシーホークで長距離血統なわけだし、初戦向きでない可能性もあったけど、小回りの１２００ｍでも、何とかなるだろうと思っていたんだ。甘く見ていたわけじゃないんだよ。だけどどこかで、条件が多少悪くても何とかなるだろうとは思ってたね」

実際、調教ではダートコース、芝コースを問わず、現在で言うところの古馬３勝級と互角か、それ以上の動きを見せていましたし、10頭立てということもあって、単勝1・4倍の圧倒的な１番人気に支持されます。

7枠8番という外目の枠から好スタートを切ると、積極的に前に出ます。ところが道中の行きっぷりには今ひとつ余裕がなく、直線で追い出されてからもまったく反応せずに、結果は想定外の4着。それも同着で1着を分け合った2頭から3着馬は6馬身離され、そこから7馬身離されての入線でした。

ウィナーズサークルは最後のレースとなる菊花賞までに、通算11戦を走りますが、敗戦時の着差としては、このデビュー戦の2秒1差が最も大きな数字です。

期待が大きかったればこそ、その時の落胆ぶりはいかほどだったか、と思いましたが、そこはちょっとニュアンスが違ったようです。

「そりゃあショックだったよ。でも、あれ？こんなはずはないけどな、おかしいな、という感じの方が強かった。重馬場で道中は悪いところばかりを走らされたし、トビが大きいとかではなく、ああいう馬場を経験してなかったから対応できなかった、っていう敗因みたいなのもあったけど、どこかイメージしていた走りじゃなかったんだ。

ただ、やっぱり失敗したっていうか、可哀そうなことをしたかな、とは思ったね。少しソエが出かかってる感じもあったし、そもそも条件に合わないレースをデビュー戦に選んだのは確かだったから」

サ　ラ　3　才

2回福島第3日3Ｒ　芝右1200米　10頭
7月23日　小雨・重　新　馬
賞金①3,650,000①3,650,000③1,300,000④780,000⑤520,000円　レコード1.10.7

○	2	2	ビフォアドーン	牡3	53	増　沢	1.12.9		1 1 1	38.0	45326②	1.9	22287	452	北鈴木康
×	6	6	ミョウジントップ	牡3	52☆	蛯名正	〃	同着	7 2 2	37.5	14030③	4.4	13674	418	北西塚安
△	4	4	ミリオンスパーク	牡3	50▲	町　田	13.9	6	2 2 2	38.8	4945⑥	29.7	5416	476	北大久良
◎	7	8	ウィナーズサークル	牡3	53	竹　原	15.0	7	5 2 4	39.6	107904①	1.4	37052	478	南松山康
	8	9	ユーワボードワン	牡3	53	堀　井	15.2	1¼	2 2 4	40.0	1441⑩	101.7	2118	384	北宮　沢
	3	3	マロンフィールド	牡3	53	蓑　田	15.8	3½	8 7 7	40.1	3650⑦	40.2	4279	410	南　森
×	5	5	㊥イダマンテ	牡3	52☆	武　藤	15.9	½	9 9 9	38.2	8721④	16.8	8878	434	北鈴木美
	7	7	セルフィーユ	牝3	53	田　村	〃	クビ	4 6 6	40.3	3192⑧	45.9	3238	436	南鈴木清
×	1	1	ワンダーエイト	牝3	53	田中清	16.4	3	10 10 10	38.2	7532⑤	19.5	7346	454	南野平祐
	8	10	ウメノジョージ	牡3	53	関　野	17.0	3½	6 7 8	41.1	1665⑨	88.0	1815	394+4	北清水美
								計			198406		106103		

連複2-6 1500円　4人気　単②190円　複②150円　⑥200円　370円
⑥440円

ハロン12.15　上り49.6－38.0　ペースＨ　決手　1着馬 逃切る　1着馬 漸進伸
通過タイム　34.9－47.4－59.9
ラップタイム　12.5-10.8-11.6-12.5-12.5-13.0
向正面　2(4.9)7.8.10.6.3－5－1
3　角　2(4.9.8.6)7(10.3)－5－1
4　角　2(4.6)－(9.8)7－3－10.5－1

デビュー戦を振り返った松山師が「可哀そうなことをした」というのは、単に想定外の完敗を喫したということだけではありませんでした。そのことを落胆する間もなく、次の難題が陣営を襲うことになったのです。

「本当にソエが出たんだよね。長引くような感じではなかったんだけど。

だけど今思えば、それでかえって開き直ることができたかもしれないね。早い時期に出たソエだったから、ジックリと立て直すことに気持ちを切り替えることができたからね」

アクシデントをプラス思考で乗り切る。簡単なようでなかなかできないことに思えますが、松山師が打った手は、ただそれだけに留まりませんでした。

郷原洋行騎手へ騎乗オファーをして、手綱を預けたのです。

◆達人への依頼◆

郷原洋行騎手は昭和19年、鹿児島県鹿屋市生まれ。

昭和34年、中学卒業後に上京、馬事公苑騎手養成長期過程に入所し、昭和37年に大久保房松厩舎所属で騎手デビューすると、3年目に京王盃スプリングHで重賞初制覇。6年目の昭和42年には79勝して関東リーディングジョッキーに輝き、その後も昭和49、50、53年に関東リーディングを獲得します。

昭和54年には史上5人目となる通算1000勝を達成し、64勝で初の全国リーディングを獲得。翌55年にオペックホースで日本ダービーを制して三冠騎手となります。

その後リーディング上位を賑わせることは減るものの、騎手クラブ会長の重責を担いながら、ニッポーテイオーとのコンビで存在感を放ち続けていたところでした。

ざっと略歴を挙げただけでも、松山師が特別に依頼する理由は十分に理解できますが、師が郷原騎手への依頼を決めたのには、調教師らしい目線がありました。

「ずっと彼の騎乗ぶりを見てきて、彼の騎手としての特性、信念みたいなものを感じていたんだ。馬に乗る際の、騎手としての価値観、というかな。馬の真価を見極めて、それをレースでしっかり出そうとする姿勢。調教の時でもそういうところは見せていたからね。そのうえで、そういった考え方をレースで実践する能力に長けていた。馬の適性とか癖を掴むのも早いしさ。そうだなあ、率直に言えば、結果を出す人、というように思ってたんだ」

愛馬への強い思いが、ストレートなまでのリスペクトを抱く騎手への依頼につながったようです。こうして、ソエの治療で約４カ月半の休養を経た復帰戦に郷原騎手が騎乗することになりました。

●＝第２戦＝
昭和63年12月４日（晴・良）
第２回中山２日目第２レース、芝２０００ｍ、４８２kg。

レースに向かうにあたっての松山師の感覚は次のようなものでした。

「休み明けで走るタイプではないな、とは思っていた。ソエが出かかっていたところでレースに走ったせいか、掛かるような面が調教でも出てきていたしね。そのうえ今度は２０００ｍだし、不安な面もあったけど、やっぱり何とかなるんじゃないか、というふうには考えていた」

では、この２戦目から手綱を取ることになり、ラストランとなる菊花賞までコンビを組むことになる郷原騎手は、どのような手応えを感じていたのでしょうか。

「松山先生から騎乗を頼まれて調教で跨ってみたら、すぐに走る馬だとは思ったけど、気持ちの方が全然と言っていいくらい前に向いていなかった。どこか上の空っていうのか、真面目さが感じられないの。だから先生に単刀直入に聞いたんだよね。

〝先生、この馬、どうしたいの〟

って。

そうしたら先生も、

〝ダービーに行きたい〟

ってすぐに答えたんだ。

それで、

〝わかりました。だけどこの馬、ダービーに行くなら、それこそ勝つつもりで行くのなら、今のままじゃ難しいと思う。ちょっと自分に任せてもらえるかな〝って聞いてみた。

その答えが、

〝任せるから〟

だったんだ」

30年以上も前の記憶をたどってもらってのやりとりですが、一方の松山師からも、このやりとりについては昨日のことのように言葉が出てきます。

「どこへ行きたいか、と聞かれたら、そりゃあダービーに決まってる。デビュー戦であんな負け方しててもね。

任せてくれないか、と彼が言うからには躊躇はなかった。そういうことまで期待したうえで彼に依頼してるんだもの」

何度も反芻したうえでの記憶なのかもしれませんが、それにしても映画や小説の名シーンに出てくるような、ある種の劇的さが感じられ、静かな興奮すら覚えます。

調教師と騎手の、理想的な絆というものが、ごく自然な形で結ばれた瞬間だったのでしょうか。

ダービー馬の誕生には、そういったモノが不可欠なのかもしれませんが。

ともかくも、郷原騎手が初めてレースに騎乗したウィナーズサークルの2戦目のレースに話を戻しましょう。

中山芝2000m。一頭が出走を取り消し、一頭が競走除外となっての15頭立て。初戦の1200mを思えば不足のない距離でした。また、ライバル視されていたチョウカイビートの競走除外で、ウィナーズサークルはここでも1番人気の支持を受けます（もっとも、この後7戦目まで1番人気なのですが）。

5枠10番から好スタートを切ると、サッと3番手に。道中はリズム良く、前2頭を見ながらピタッとマークするように進みます。が、逃げていたキーストンホープが早目に息を切らし、だけでなく2番手のマイネルシュテルンも失速。それによってウィナーズサークルが予定外に早目に先頭に立つことになります。少なくともその時はそう映りました。

すぐ後ろから来たハセアンビションとの直線はまさにマッチレースに。叩き合いの末にハナ差2着に終わってしまいます。3着以下には1秒7もの大差をつけていました。

「やっぱりレースに行っての真面目さがないんだよね。抜け出したのが早かったとかじゃないんだ。どういうのか、前の馬が見えると途端にヤメようとするし、先頭に立ってしまうとフッと気が抜けて、後ろを待ってるような感じになる。とにかく最後まで本気で走ろうとはしていなかった。これは本当にしっかり教え込む必要があるなと思ったよね」

郷原騎手が初めての実戦を終えた印象でした。

早目に抜け出したのが予定外に映ったのは、シロウト目の錯覚でした。本質的な敗因はそこではなく、問題はもっと違ったところにあったようです。

ではその問題を解決するために、具体的に、しっかり教え込むには一体どうするのでしょうか。

「まずは前の馬を抜かずに我慢させることからだね。

先頭に立つと走る気を出さなくなるのなら、まず道中でしっかりタメることを覚えさせ、仕掛けるタイミングからどう交わして出るのか、またその後にどう走り切るかまでを理解させなきゃならない。こういうのは稽古だけではなかなかできないんだ。勿論、普段の調教の時からいろいろ工夫はするんだけど、やっぱり実戦でないとしっかり覚えてくれないんだ。

だから、決して負けてもいいってわけじゃないんだよ、ないんだけど、〝負けたら負けたで仕方ない〟くらいの、ギリギリの気持ちで本当のレースを走らせないと、先々の結果にはつながってい

サラ3才

2回中山第2日2R　　　　　　　　　　　　　　　　　(芝)内2000米　15頭
12月4日　晴・良　　　　　未勝利
賞金①4,300,000②1,700,000③1,100,000④650,000⑤430,000円　　レコード2.02.7

予想	連番	馬番	馬名	性年	斤量	騎手	タイム	着差	通過順位	上り	単勝票数	単人気	単勝オッズ	複勝票数	馬体重	増減	厩舎
	8	16	ハセアンビション	牡3	54	小迫	2.03.1		7-4-1-1	38.7	17845	④	8.0	15973	496	+8	南畠山
○	5	10	ウィナーズサークル	牡3	54	郷原	〃	ハナ	3-3-1-1	38.7	48613	①	3.0	37322	482	+4	南松山康
	7	13	マイネルランサー	牡3	54	鹿戸	04.8	大差	15-15-10-6	39.2	3473	⑩	41.2	4756	468	0	南稗田研
	6	12	サファリノーザン	牝3	53	石塚	〃	アタマ	12-10-10-9	39.0	5665	⑨	25.2	8456	458	-2	北田子
△	2	4	アンバサダー	牡3	53	☆蛯名正	〃	アタマ	5-4-5-5	40.0	16542	⑤	8.7	18778	468	+2	北古賀末
	2	3	ミスターエックス	牡3	54	蛯沢	05.1	1¾	9-8-9-9	39.5	7620	⑧	18.8	7452	508	-2	北成宮
×	3	5	(市)マイネルシュテルン	牡3	54	岡部	05.2	クビ	2-2-1-4	40.6	26046	③	5.5	24523	476	+8	南稲葉隆
	5	9	キーストンホープ	牡3	54	大塚	05.4	1½	1-1-1-3	41.0	1001	⑬	142.7	1261	412	0	北藤澤
	8	15	サンライトノーザン	牡3	54	牧之瀬	05.8	2½	8-8-6-6	40.5	486	⑭	293.8	722	492	0	北佐藤勝
	1	1	シルバーエリカ	牝3	53	坂井	〃	ハナ	13-12-10-11	39.9	3091	⑪	46.2	3139	428	-4	南新関
×	4	8	スンプジョウ	牡3	54	成島	〃	アタマ	14-12-13-12	39.6	2769	⑫	51.6	3847	466	+4	北田子
	1	2	ライナーソロン	牡3	54	中島	06.3	3	10-12-14-13	39.7	8151	⑦	17.6	8914	444	+6	北藤本
	7	14	トネカチドキ	牡3	54	東	06.4	クビ	4-4-6-8	41.1	8703	⑥	16.5	9538	490	0	南久恒
	8	17	メーティアスゼット	牝3	53	天間	09.1	大差	10-10-15-14	41.9	437	⑮	326.7	982	428	-6	北森安
▲	3	6	サクラカンセイ	牡3	54	小島太	中止		6-4-6-中止	—	42994	②	3.4	44778	486	+2	南境勝
◎	6	11	チョウカイビート	牡3	54	菅原泰	左前腕部挫創のため競走除外										南相川
×	4	7	レオプリンス	牡3	54	岩城	病気のため出走取消										北斎藤籌
							計				193436			190441			

連複⑤-⑧1330円　5人気　単800円　複280円　170円　760円

ハロン12.31　上り51.1−38.7　ペースH　決手　1着馬 追伸良　2着馬 追伸良

	600米	800米	1000米	1200米	1400米	1600米	1800米
通過タイム	35.7	48.1	1.00.3	1.12.0	1.24.4	1.37.1	1.49.8

ラップタイム　12.2−11.4−12.1−12.4−12.2−11.7−12.4−12.7−12.7−13.3

⑥3角すぎ競走中止

S　前　9.5.10.14.4.6.16.15.3(2.17)12.1.8.13
2　角　9.5.10(4.6.14.16)(3.15)(12.17)(2.1.8)−13
向正面　9.5.10.16(4.6)14.15.3.12(2.1)17.8.13
3　角　(9.5.10.16)4−(15.6.14)3(1.13.12)8.2.17
4　角　(10.16)9−5.4(13.15)14(3.12)1−8−2−17.止6

かないんだよね」

精神的にも内容的にもギリギリのところでの勝負。

限られたプロフェッショナルでなくては、理解の及ばない領域の話を聞かせてもらったような気がしました。

●＝第3戦＝
昭和63年12月24日（晴・良）
第2回中山競馬7日目第2レース、芝2000m、486kg。

休み明けだったとはいえ、不足のない2000mでハナ差2着。敗れはしたものの一応の手応えが得られた2戦目を経て、満を持した3戦目。ブリンカー装着を検討します。

松山師は、

「2着に来たけど、まだまだこんなはずじゃないんだけどな、という思いだったし、気性的な不安というより、集中力を増すように、といった狙いだったのかな。実際にレースで着けたかどうか覚えてないけど、ブリンカーの効果にすがりたくて、とかではなかったですよ」

と振り返ります。

サ　ラ　３　才

２回中山第７日２Ｒ　　　　　　　　　　　　　　　　　　　　　㊥芝外2000米　19頭

12月24日　晴・良　　　　　　　　　　未勝利

賞金①4,300,000②1,700,000③1,100,000④650,000⑤430,000円　　　　レコード2.02.7

△	3	6	マイファイブスター	牡3	54	蛯名利	2.03.1		6 3 3 3	38.6	10988	④	15.3	21803	468-8	北山田
◎	6	11	ウィナーズサークル	牡3	54	郷原	04.0	5	2 2 1 1	40.0	143039	①	1.2	97778	486+4	南松山康
×	8	19	マイネルランサー	牡3	54	鹿戸	04.3	1¾	9 10 8 5	39.2	5082	⑧	33.0	10237	470+2	南稗田研
○	7	14	インディアンサマー	牡3	54	増沢	05.1	5	8 5 4 4	40.3	16044	②	10.5	25415	508 0	北鈴木康
	3	5	パルティータ	牝3	53	田中剛	〃	ハナ	11 11 9 10	39.4	635	⑮	264.0	981	412-4	南大久房
	5	9	キーストンホープ	牡3	54	平目	05.3	1	1 1 1 1	41.3	1236	⑫	135.6	2518	418+6	北藤澤
	8	18	サンライトノーザン	牡3	54	牧之瀬	〃	ハナ	13 12 9 8	39.6	388	⑲	432.0	617	496+4	北佐藤勝
	7	16	ユーワフロンティア	牡3	52	△寺島	05.4	½	7 9 7 8	40.4	720	⑭	232.8	974	446 0	南柴田寛
	4	7	テレビスター	牡3	54	東	05.5	½	14 13 11 11	39.4	5885	⑦	28.5	6676	458+2	南柴田欣
	2	4	レオプリンス	牡3	54	岩城	〃	ハナ	18 18 19 16	38.0	970	⑬	172.8	1604	484 0	北斎藤籌
	6	13	㊕マイネルシュテルン	牡3	54	岡部	05.6	¾	14 3 4 5	40.8	10114	⑤	16.6	12745	474-2	南稲葉隆
×	1	2	サファリノーザン	牝3	53	石塚	05.7	½	10 8 6 7	40.8	4084	⑨	41.1	10502	458 0	北田子
	4	8	ダイアウィリー	牝3	50	▲藤原英	05.8	½	11 13 13 12	39.4	2745	⑩	61.1	3643	432-2	北田子
	5	10	ミスターエックス	牡3	54	蛯沢	06.0	1¼	16 15 13 13	39.3	2554	⑪	65.7	4179	510+2	北成宮
×	2	3	カルチェラタン	牡3	51	▲横田雅	06.7	4	17 15 16 16	39.8	6524	⑥	25.7	10513	458-2	北藤澤
	6	12	アロンブルース	牡3	54	田中清	06.9	1¼	3 15 18 16	39.7	555	⑰	302.0	694	476-6	南今津
	1	1	タクノヒカル	牝3	53	岡山	07.2	1¾	19 19 16 15	40.5	581	⑯	288.5	652	408+4	北元石孝
×	7	15	ラージェスト	牡3	54	的場	07.3	クビ	3 5 11 13	40.9	14371	③	11.7	22382	448-12	北柄崎孝
	8	17	アクティブソング	牡3	54	小迫	09.5	大差	5 5 13 19	42.1	555	⑰	302.0	1022	444-8	北矢野照
							計				227070			234935		

連複3-6 630円　2人気　単1530円　複200円　110円　330円

ハロン12.31　上り**51.8－39.1**　ペースH　決手　1着馬 好位鋭　2着馬 先行伸

600米　800米　1000米　1200米　1400米　1600米　1800米

通過タイム　35.4－47.8－59.7－1.11.3－1.24.0－1.37.1－1.50.3

ラップタイム　12.7-11.0-11.7-12.4-11.9-11.6-12.7-13.1-13.2-12.8

S　前　9.11(12.15)17.**6**.16.14.19.2(8.5)18(7.13)10.3.4.1

2　角　9.11(**6**.13)(14.15.17)2.16－19.5.18－(8.7)－(3.12.10)－4.1

向正面　9.11.**6**.12.14.2.16.15.19.17(5.18)(7.10)8.3.13.1.4

3　角　(9.11)－**6**(13.14)2.16.19(5.18)－(7.15)(8.10.17)－(3.1)12.4

4　角　(9.11)－**6**－14(13.19)2(16.18)5－7－8(10.15)1(4.3.12)－17

単勝オッズは1・2倍。相変わらずの注目を集め、好スタートから先頭を窺いますが、そこは〝剛腕〟郷原騎手がガチッと抑え込んで2番手に控えます。それでも積極的な追走から後続の動きに合わせて直線へ。結果、勝ったマイファイブスターに5馬身ち切られてしまいます。

休み明けだった前走がプラス4kgの馬体重。そこから更に4kg増ですから重目残りとの指摘ができなくもないですが、現在で言うところの2歳暮れのこと。デビュー時から8kgくらいの増加なら、むしろ成長分と捉えることもできるはず。郷原騎手の見立て通り、「少しずつ少しずつ」の過程にあったのでしょう。

ともあれ、ウィナーズサークルは昭和63年の2歳時を、未勝利のまま終えることになってしまいました。

3　平成を迎えて

◆クラシックまでの道のりはダートで◆

明けて昭和64年1月7日、昭和天皇が崩御。

翌1月8日に平成時代がスタートしました。

JRAの開催はその年、1月5日木曜日に東西の金杯で幕開けしましたが、1月7、8日の競馬は中止され、代替競馬がそれぞれ13日金曜日、20日金曜日に振り分けられることになりました。もともと中山、京都ともに14、15、16日の3日間開催が組まれていましたから、13日からの4日連続と、20日からの3日連続という、2週で7日間を消化する超変則日程で開催が施行されることになったわけです。

その中山競馬最終日に、ウィナーズサークルは初勝利を挙げることになります。ただし、当初の予定とは異なり、いわば苦肉の策で掴んだ初勝利でした。

●＝第４戦＝

平成元年１月22日（晴・稍重）

第１回中山競馬８日目第２レース、ダート１８００ｍ、４８６kg。

「早く権利を取ってしまいたい、でも競馬も教えなくちゃならない。その両方があったものだから、普段から調教の走りを見ていてダートはまったく問題ないと思ってたし、とにかく勝たないことには先に進めないからね。ジョッキーとも相談して、気持ちを切り替える意味でもキッカケになるかと思って」

と松山師はダート戦への出走に踏み切った経緯を振り返ります。

思惑はズバリ的中しました。

サ　ラ　4　才

1回中山第8日2R　　(ダ)右1800米　9頭
1月22日　晴・稍重　　(混),未勝利
賞金①4,400,000②1,800,000③1,100,000④660,000⑤440,000円　　レコード1.48.5

予想	連番	馬番	馬名	性年	斤量	騎手	タイム	着差	通過順位	上り	単勝票数	単人気	単勝オッズ	複勝票数	馬体重	増減	厩舎
◎	[8]	8	ウィナーズサークル	牡4	55	郷原	1.55.5		[2][2][1][1]	39.4	207235	①	1.2	74651	486	0	南松山康
×	[8]	9	シカゴシチー	牡4	55	岡部	56.3	5	[1][1][1][1]	40.3	29725	②	7.8	26897	492	+2	南前田
△	[7]	7	カネイチコマオー	牡4	55	大江隆	58.1	大差	[4][4][3][3]	41.8	20483	④	11.4	22736	420	0	北伊藤正
○	[2]	2	ラブリーストーム	牡4	55	柴崎	58.2	½	[2][3][3][3]	41.9	28415	③	8.2	27248	478	+14	北松永勇
×	[1]	1	リンドジム	牡4	55	加藤	59.0	5	[7][7][7][7]	42.0	7914	⑥	29.3	9892	484	0	南稗田敏
×	[6]	6	ページボーイ	牡4	55	東	59.4	2½	[7][7][5][5]	42.6	4463	⑧	52.0	5927	446	−4	北吉野
	[4]	4	ラッキーポーセレン	牡4	55	田中清	59.5	クビ	[4][4][5][5]	42.7	4610	⑦	50.3	6295	498	−2	南今津
	[5]	5	ドウジマオーカン	牡4	55	岩城	2.00.3	5	[7][7][7][8]	43.1	1429	⑨	162.2	1810	442	+2	北斎藤籌
	[3]	3	(市)タイフウロイヤル	牝4	53	大塚	〃	アタマ	[4][6][9][9]	42.8	9674	⑤	24.0	10684	476	−6	北清水美
								計			313948			186140			

連複[8]-[8] 370円　2人気　単120円　複100円　140円　150円

ハロン12.83　上り52.2−39.5　ペースM　決手　1着馬 先行楽　2着馬 逃粘る

	600米	800米	1000米	1200米	1400米	1600米
通過タイム	38.0	51.0	1.03.3	1.16.0	1.29.0	1.42.4

ラップタイム　12.8-11.9-13.3-13.0-12.3-12.7-13.0-13.4-13.1
S　前　9.2.8.3.7.1.4.5.6
2　角　9(2.8)(3.4.7)(1.5.6)
向正面　9.8.2(4.7)3(1.5.6)
3　角　(9.8)(2.7)−(4.6)(1.5)−3
4　角　(9.8)−(2.7)＝(4.6)1−5−3

結果は、期待以上の内容でした。

9頭立ての8番ゲートから好スタートを切ると、スッと2番手の外へ。道中はほとんど追ったところなく、直線を向いてもちょっと仕掛けただけで2着に5馬身差。3着にはそこから更に大差（1秒8差）がついていました。

ダート1800mで1分55秒5。これは同じ日に行われた1勝級の特別レース、黒竹賞の時計を0秒8も上回るという好時計。

勝ちっぷりのあまりの鮮やかさに、ダート馬として高い適性を認めて、その方向に向かうような意識にはならなかったのでしょうか。

「いや、もともとダートの適性があるとは思っていたし、それよりも潜在的に持っている素質を信じていたから、勝ちっぷり自体には驚きはしなかった。よし、これで視界が開けたな、という感じでしたね。

だから、ダービーに向かうんだ、という気持ちに揺るぎはなかったですよ」

確かに現在とは違い、ダート路線がそれほど充実していなかった時代。それも若駒に限定すると、ダート路線が整備されるのは、もっと時代がくだってからのことになりますから、期待馬であればあるほど、最大の目標が日本ダービーになるのは当然と言えば当然だったでしょう。

●＝第5戦＝
平成元年2月5日（晴・良）
第1回東京競馬4日目第8レース、カトレア賞ダート1600m、480kg。

未勝利戦だったとはいえ、1勝級の特別レースを1秒近く上回る時計で圧勝してきただけに、昇級緒戦のここも圧倒的な人気を集めます。単勝オッズは1・7倍。

初めて経験する東京コースで、距離も短縮されての1600m。不安材料がなかったわけではあ

サ　ラ　4　才

1回東京第4日8Ｒ　　カトレア賞　　(ダ)左1600米　6頭
2月5日　晴・良　　4才,400万円以下,馬令
賞金①8,100,000②3,200,000③2,000,000④1,200,000⑤810,000円
附加賞　81,200円　23,200円　11,600円　　レコード1.35.3

予想	連番	馬番	馬名	性年	斤量	騎手	タイム	着差	通過順位	上り	単勝票数	単人気	単勝オッズ	複勝票数	馬体重	増減	厩舎
△	4	4	ドースクダイオー	牡4	55	菅原隆	1.40.8		4 3 3	36.1	44498	⑤	9.6	19517	486	+10	南西塚十
◎	6	6	ウィナーズサークル	牡4	55	郷　原	40.9	クビ	3 2 1	36.5	252697	①	1.7	101614	480	-6	南松山康
○	3	3	カリブソング	牡4	55	蛯　沢	41.3	2½	4 6 6	36.1	98669	②	4.3	38016	488	-2	北加藤修
	2	2	ベルオオシマ	牡4	55	岡　部	41.5	1½	1 1 1	37.1	29708	⑥	14.3	14863	496	-2	南佐藤林
×	5	5	ファンシーステップ	牡4	55	増　沢	41.8	2	2 3 3	37.2	56916	④	7.5	29978	456	0	北鈴木康
▲	1	1	モガミサイババ	牡4	55	小島太	42.2	2½	6 3 3	37.5	92157	③	4.7	40635	510	+2	南境　勝
								計			574645			244623			

連複4-6 860円　4人気　単960円　複310円　120円

ハロン12.60　上り48.9−36.4　ペースＳ　決手　1着馬 追伸良　2着馬 直線先

通過タイム（600米 800米 1000米 1200米 1400米）　39.0−51.9−1.04.4−1.16.9−1.28.7

ラップタイム　13.6-12.3-13.1-12.9-12.5-12.5-11.8-12.1

向正面　2.5.6(3.4)1
3　角　2.6(5.4.1)3
4　角　(2.6)(5.4.1)3

りませんが、調教では長めからの追走先着で併走馬をぶっち切り、前日にも上がりを11秒台でまとめて絶好調をアピール。しかも6頭という少頭数では、人気を集めるのも当然と言えば当然でしたし、「負けるわけにはいかない一戦」と松山師がコメントするのも頷ける臨戦でした。

レースもいつも通り好ダッシュで2〜3番手のポジションを取り、1000m64秒4のスローペースをガッチリとタメる形で追走。ところが直線、直後から迫ったドースクダイオーに外から並ばれると激しい叩き合いに。結果、クビ差及ばずの2着に敗れます。

レース後のインタビューで、「勝ちに行く競馬をしようと思えばできたけど、先々のことを考えて競馬を教えているところだから」とコメントした郷原騎手。

前述した、〝負けたら負けたで仕方ない、くらいのギリギリの気持ち〟という腹の括り方が、まさにこれなのでしょう。

「負けたっていいさ、なんてことは全然思ってないんだよ。だけど、そこで教えておかないといけないことがあるのも確かなんだよね。結果はあとからついてくるもので。でも、やっぱりこの馬、本当に難しいところがあるな、とは思ったよね」

わかっていたはずなのに、さすがの名人も、改めて掴みどころのなさを感じていたようです。そして次の一戦では、牝馬に苦杯を舐めさせられることになります。

●=第6戦=

平成元年3月5日（雨・不良）
第2回中山競馬4日目第6レース、ダート1800m、484kg。

デビューから初めて中1週で使い、初めて馬体減で臨むことになったカトレア賞を踏まえて、中3週を開けて臨んだ今回。

それでも〝松山流〟のハード調教に変わりはなく、ダートコースと芝コースで２週にわたって長めから追い切られ、前日にも上がりをサッと流したうえでのプラス馬体重。万全の態勢を整えての出走で、ここでも単勝１・５倍の圧倒的支持を受けます。

ただ、この時は強敵と目された相手もいました。牝馬ながら前開催の東京で、カトレア賞と同じダート１６００ｍの特別レース、うぐいす賞を１分38秒８という時計で２着と好走してきたリアルサファイヤです。ウィナーズサークルが１分40秒９。うぐいす賞が時計の出やすい重馬場で、カトレア賞は良馬場でしたから、単純な比較はできないのですが、そのことを考慮に入れても歴然の差のようにも思えます。

その不安は的中しました。

ともに好スタートから好ダッシュを見せますが、リアルサファイヤが主導権を主張し、ウィナーズサークルは２、３番手に控えます。向正面を過ぎてウィナーズが外からジワッと動いて出て、４コーナーでは射程圏に入れて直線並びかけますが、叩き合った末に１馬身半突き放される格好で２着に敗れてしまいます。

勝ったリアルサファイヤの時計は１分52秒５。ウィナーズ自身も初勝利時の時計を大幅に詰める１分52秒７。そこから３着馬が９馬身差だというのですから、１、２着馬のレベルが違い過ぎたの

サ ラ 4 才

2回中山第4日6R　　(ダ)右1800米　11頭
3月5日　雨・不良　　(混),400万円以下
賞金①5,900,000②2,400,000③1,500,000④890,000⑤590,000円　　レコード1.48.5

予想	連番	馬番	馬名	性年	斤量	騎手	タイム	着差	通過順位	上り	単勝票数	単人気	単勝オッズ	複勝票数	馬体重	増減	厩舎
◎	[8]	10	リアルサファイヤ	牝4	53	蛯沢	1.52.5		[1][1][1][1]	37.6	94494	②	3.6	67169	438	0	北栗田
◎	[7]	8	ウィナーズサークル	牡4	55	郷原	52.7	1½	[2][3][2][1]	37.6	240125	①	1.5	127631	484	+4	南松山康
▲	[2]	2	フローラルドリーム	牝4	53	柴田人	54.2	9	[6][6][3][3]	38.9	24164	④	14.0	28809	448	-4	南山岡
	[8]	11	グランドピット	牡4	55	岡部	54.5	1¾	[8][8][7][5]	38.8	18670	⑤	18.1	15880	490	-4	南阿部
×	[6]	7	(市)スピードタリテー	牡4	55	柴田弘	54.6	¾	[9][9][7][8]	38.9	25388	③	13.3	29544	442	0	北見上
	[7]	9	ダービーセダン	牡4	55	蛯名利	55.6	6	[5][4][3][5]	40.3	6449	⑨	52.3	6875	446	-4	北山田
×	[3]	3	ブロンズスター	牝4	53	武藤	55.7	½	[2][4][6][5]	40.3	17082	⑥	19.8	19704	440	-2	北成宮
△	[4]	4	マツエルーベンス	牡4	55	田村	55.9	1¼	[2][2][3][4]	40.7	13178	⑦	25.6	14670	490	0	北諏訪
	[1]	1	サクラナイス	牝4	50	▲高橋	56.7	5	[6][7][9][9]	40.6	2613	⑪	129.0	3705	420	-2	南境勝
	[6]	6	ライトアート	牡4	55	加藤	58.1	9	[11][11][10][10]	39.9	9949	⑧	33.9	14320	470	-10	南二柳俊
	[5]	5	セランポール	牝4	50	▲町田義	58.9	5	[10][10][10][10]	40.6	4527	⑩	74.5	6524	416	-4	北奥平
								計			456639			334831			

連複[7]-[8] 210円　1ベ人　単360円　複120円　100円　170円

ハロン12.50　上り49.9－37.6　ペースM　決手　1着馬 鋭逃切　2着馬 先行伸

	600米	800米	1000米	1200米	1400米	1600米
通過タイム	37.5	50.4	1.02.6	1.14.9	1.27.5	1.40.1

ラップタイム　12.8-11.8-12.9-12.9-12.2-12.3-12.6-12.6-12.4

S　前　10(3.4)1(2.8)9.11.7.5.6
2　角　10(3.4.8)9(1.2)－11.7.5.6
向正面　10.4.8(3.9)2.1.11.7＝5.6
3　角　10.8(4.2.9)3(7.11)1＝(5.6)
4　角　(10.8)2.4(3.9.11)7－1＝(5.6)

は間違いありません。

「いい感じで上がっていっても、すぐ前に馬が見えてくると走るのをヤメて前に出たがらない。少しでも前に出ると、相手が来るのを待つようなところもあった。あのレースもそんな感じだったね」

と郷原騎手は振り返ります。

ちなみにリアルサファイヤは次走で芝のフラワーCを逃げ切って重賞ウイナーになります。その馬とこのタイミングで対戦したというのは、完成途上のウィナーズサークル陣営にしてみれば、相手が悪かった、ツキがなかった、ということになりますが、それで済む

話ではありません。

何しろクラシックの蹄音が聞こえ始める3月上旬、その日は弥生賞の当日でした。そんなに時間が残されているわけではなかったのですから。

●＝第７戦＝
平成元年３月18日（晴・良）
第２回中山競馬７日目第７レース、
ダート１８００ｍ、４８４kg。

前走の敗戦から中1週。皐月賞まで1カ月を切り、後がなくなってさすがの郷原騎手も決断します。

中間はいつものように自ら調教に跨り、いつものようにダートコースで6ハロン（1200ｍ）81秒台。徐々にピッチを上げて終いを11秒6でまとめてますから、まったく手を緩めることのない調整過程を踏みました。そのうえでの決断でした。

松山師の回想です。

「郷原騎手が言ったんだ。〝先生、2勝しておかないと皐月賞に出るのは難しくなるし、そうなるとダービーも厳しくなってしまう。今回はもう、そのつもりで乗るから〟って。そのつもりで乗るって言ったって、そんなに簡単に勝てるのなら、とっくに勝ってたんじゃないのかな、と正直、思いましたよ。何しろ気性の難しい面が残っているんだから。勝てるのならそれに越したことはないけど、そんなにうまくいくのかな、と思いますよね普通は。そうしたら何のことはない。ポンとハナを切ったと思ったらスイスイ逃げてそのまんま。相手にも恵まれたところはあったんだろうけど、言った通りに7馬身ち切っちゃうんだもの。あれには驚いた。飛び抜けて上手なジョッキーの感覚っていうのは、そういうものなんだな、と思わされた。忘れられないエピソードですよ」

教え込むことの重要性を常に考えて惜敗を続けながら、「勝つだけだったら、そんなに難しいことではないんだよ」とでも言っているような、でもそれを本当にアッサリとやってのけて、あまりのあっけなさに拍子抜けしてしまうような結果だった、ということでしょうか。

新畑助手もこう回想します。

「実際、郷原さん言ってたもの。〝勝とうと思ったらいつだって勝てるんだ〟って。ソエの影響があったりすると、どうしても行きたがるようになるんです。少し痛いくらいなら、

サ　ラ　4　才

2回中山第7日7R　(ダ)右1800米　6頭
3月18日　晴・良　400万円以下
賞金①5,900,000②2,400,000③1,500,000④890,000⑤590,000円　レコード1.48.5

予想	連番	馬番	馬名	性年	斤量	騎手	タイム	着差	通過順位	上り	単勝票数	単人気	単勝オッズ	複勝票数	馬体重	増減	厩舎
©	1	1	ウィナーズサークル	牡4	55	郷原	1.54.1		1111	38.9	155357	①	1.2	40269	484	0	南松山康
○	5	5	ロータリーショウリ	牡4	55	大西	55.3	7	4333	39.8	33983	②	5.2	16591	434	-8	南中尾銑
	3	3	キリメロディー	牝4	53	大塚	55.6	1¾	2222	40.2	3481	⑥	50.7	2315	440	-6	北清水美
×	6	6	ラブリーストーム	牡4	55	柴崎	55.7	½	3444	40.1	22364	③	7.9	11243	474	-4	北松永勇
	2	2	㊥マルトヨグラス	牡4	55	柴田人	〃	アタマ	5555	39.7	14331	④	12.4	6477	446	-4	北坂本
△	4	4	イッツワンダフル	牝4	53	大崎	57.0	8	6666	40.7	9573	⑤	18.5	6332	484	+2	南中村広
								計			239089			83227			

連複1-5 180円　1人気　単120円　複100円　140円

ハロン12.68　上り51.1－38.9　ペースM　決手　1着馬 楽逃切　2着馬 三位伸

	600米	800米	1000米	1200米	1400米	1600米
通過タイム	37.7	50.6	1.03.0	1.15.2	1.28.0	1.41.0

ラップタイム　12.9-11.7-13.1-12.9-12.4-12.2-12.8-13.0-13.1

S　前　1.3.6.5.2.4
2　角　1.3.6.5.2.4
向正面　1.3.5.6.2.4
3　角　1.3.5.6.2.4
4　角　1.3.5.6.2.4

我慢して走り切っちゃえば、走るのを早くヤメられるんだから。それで気持ちが前に向き過ぎてたんでしょうね。郷原さんもそのあたりを苦労したんだと思いますよ。

　使うごとに少しずつ良くなっているのはわかりましたけど、条件馬相手なら勝とうと思えばすぐ勝てるくらいの能力はあったんでしょうね」

　それにしても、その頃の、なかなか素質を発揮し切れずに勝てないでいる時期を、栗山牧場サイドではどのように感じていたのでしょうか。

「気性の難しいところがあって、郷原さんがずーっとレースを教えてたんでしょう？タメておいて、ゴール前で交わす、というのを。

それが皐月賞で実を結んだわけですよね。

焦るってことはなかったですよ。

こっちで走る走るって、どれだけ思っていたって、なかなかうまくいかないのが競馬だもの」

と道郎さんは語りますが、今だからこその感じ方、だったりもしないでしょうか?


デビュー戦から比較的落ち着いた頭数でレースをしてきて、その傾向が年が明けてからますます顕著になりますが、これは他陣営がウィナーズサークルの存在を強く意識するようになったからである可能性もあります。

だからこそ、なかなか結果が出せなかったことにもどかしくもありましたが、とにもかくにも、7戦目にして待望の2勝目を挙げたウィナーズサークル。


それは春がすぐそこにやってきている3月半ばを過ぎた、桜の蕾が膨らみ始める頃のことでした。

第5章

平成元年クラシック戦線〜皐月賞へ

1 大混戦の要因

ここで平成元年のクラシック勢力図、世代の特徴、潮流といったものを、改めてザッと確認しておきましょう。

いよいよ平成最初のクラシックシーズンを迎えます。

◆スター候補の急減速◆

昭和58年のミスターシービー、59年のシンボリルドルフと2年連続で美浦所属馬から三冠馬が誕生。続く60年はミホシンザンがダービーには不出走ながら皐月賞、菊花賞の2冠を制し、翌61年にはメジロラモーヌが史上初めての牝馬3冠馬になるなど、長く〝東高西低が続いていた時代でした。

皐月賞に焦点を絞ると、昭和52年のハードバージ以降、勝利から遠ざかっていた関西勢でしたが、前年の昭和63年にヤエノムテキが11年ぶりの勝利を収め、2着にも関西馬ディクターランドが食い込みました。同年にはサッカーボーイ、スーパークリークといった次世代を背負うスターホースも登場するなど、この頃から徐々にではありますが、逆転傾向が地下に静かに根を張りめぐらすように、でも着実に見られるようになります。

しかし、平成元年の春の時点では、まだまだ次の時代を前にしての萌芽にもいたっておらず、表だった部分では東高西低のムードは続いていました。

そういうなかで迎えた平成元年牡馬クラシック。

後年になって、〝大混戦の世代〟と呼ばれるようになるのは、三冠レースの勝ち馬がそれぞれ異なったことがひとつの要因として考えられますが、そもそれ以前、皐月賞までの年明けの東西の重賞レースの勝ち馬からして、すべて異なっていました。更に関西で行われるシンザン記念、ペガサスＳの勝ち馬は別々の牝馬ですから、牡馬全体のレベルそのものが疑われる空気まで出ていました。

とはいえ、３歳時に牡馬チャンピオンの座についたサクラホクトオーは、押しも押されもせぬスター候補生でした。そのサクラホクトオーの春の大不調こそ、混迷ムードを作り出した最大の要因だったと言えるかもしれません。

サクラホクトオーは前年の日本ダービー馬サクラチヨノオー（父マルゼンスキー）の弟であり、父がトウショウボーイに替わりましたが、デビュー前から大いに注目された逸材でした。

そしてまたサクラホクトオーも周囲の期待に見事に応えます。

秋の東京でデビュー戦を２馬身差をつけて快勝すると、続く府中３歳Ｓでは１８００ｍ１分48秒６のレコード勝ち。次に駒を進めた朝日杯３歳Ｓでも中団から豪快な差し切りを決めて３歳時３戦

３勝、ＪＲＡ賞最優秀３歳牡馬に選出されます。

その戦績自体は勿論ですが、デビュー戦では道中不利がありながらの後方からの差し切り、２戦目は好位からの抜け出しでレコードを叩き出し、３戦目が正攻法から直線でケタ違いの瞬発力を発揮と、粗削りながらも大物感溢れるレースぶりでしたから、明るい未来は約束されたかのようでした。

それこそ、朝日杯３歳Ｓを制して３歳チャンピオンの栄誉を掴み、翌年に日本ダービーを制した兄と同じ道を歩むのではないか、と期待は膨らむばかり。いやそれどころか、素材としては線の細い印象があった兄以上なのではないか、とまでの評価を受けるほどに将来が嘱望されていきます。

その逸材にとって不運だったのは、復帰緒戦であり年明け緒戦の前哨戦に選んだ弥生賞が、滅多にはない不良馬場になったことでした。単枠指定（今や死語ですが）され、圧倒的な支持を受けますが、後方のままったく動けず、勝ったレインボーアンバーから４秒４もの大差をつけられて16頭立て12着に終わります。この勝ち馬は２着ワンダーナルビーにも１秒７差をつけたくらいですから、とんでもない道悪巧者ぶりで、異様なまでの強さを発揮したのは確かでしたが、サクラホクトオーがその大敗で受けたダメージは、体調面でも精神面でも決して小さくありませんでした。

一方、弥生賞で異様な勝ちっぷりを見せたレインボーアンバーでしたが、この馬も初勝利は芝で2戦連続2着後、ダートに切り替えた3戦目の未勝利戦で挙げたもの。2勝目も平場のダート戦で、続く共同通信杯で2着に好走しての臨戦でしたが、そこまで芝では4戦して未勝利でした。

その状況下での大差勝ちです。

この結果について、皐月賞前には「単にダート2戦2勝の適性が生かせるような、パワー優先の極悪馬場だったからこその大勝だったのではないか」だとか、「仮に馬場状態が功を奏したにしても、共同通信杯の好走を見る限り良馬場に不安があるわけではなく、弥生賞の勝利が覚醒につながる可能性もあるのではないか」などと、様々な意見が飛び交うようになります。

が、その議論は春の段階では不要になってしまいます。

皐月賞の当該週、最終追い切りを直前にした4月12日午後。左前の裂蹄が判明し、レインボーアンバーは一冠目を目前に出走回避を余儀なくされることになるのです。

発表した翌日の、鈴木勝太郎調教師の厳しい表情が忘れられません。しかし、しっかりした口調で話してくれたものです。

「決して重傷ではなくて、大事を取ったんだ。ここで無理して終わるわけにはいかないからな」

鈴木勝太郎調教師と言えば、かのハイセイコーを管理した名伯楽。

かつて競馬記者の先輩から、鈴木勝太郎師から聞かされたという「サラブレッド＝かつお節理論」（先輩の命名）なるものを教わったことがあります。

「競走馬が持っている器には自ずと限度があって、上質のかつお節を削るように、丁寧に、少しずつ少しずつ使っていかなくてはならない」


大略すればこんな感じになりますか。

これを地で行ったかのような選択だったのかどうか。レインボーアンバーは皐月賞の直前になって回避を決定しました。


その時点では軽傷の見立てでした。が、完全治癒に思いのほか時間を要することになり、結果として春シーズンの出走はかなわなくなってしまいます。しかし、この時の決断は、秋になって大きな意味を持ってくるのですが、それは後述するとして―。

ともかくサクラホクトオーの大敗もショッキングでしたが、その3歳王者を破った特異な性能の持ち主、レインボーアンバーの戦線離脱も、混戦ムードに拍車をかけることになりました。

◆道営の星◆

さてこちらは新勢力、と言っていいのかどうか。ドクタースパートは３歳時に５勝を挙げていたのですから。

ただし、そのうちの４勝はホッカイドウ競馬で挙げたものでした。

昭和63年６月29日、帯広競馬場でデビューして３着。２戦目の未勝利戦２着。３戦目に初勝利を挙げます。当初はさして大きな期待をかけられたわけではなかったと伝わっていますが、確かに、デビュー直後は凡庸、は言い過ぎにしても、特に際立って目立つような存在ではなかったようです。

ところが、岩見沢に場所を移すと１勝レベルを連勝。札幌開催に替わっても勢いは止まらず、特別戦で３連勝目を挙げ、続く８月30日、北海道３歳優駿をレコードで快勝して４連勝を飾ります。しかもその連勝すべてが、小回りコースをまったく苦にしない、強靭な末脚を武器にした豪快な差し切りでした。

そして６戦４勝の戦績を引っ提げ、美浦の柄崎孝厩舎に転入することになります。

柄崎孝師の第一印象というのが、「こんな３歳馬がいるのか」というもので、この時にはもう大きな期待がかけられる存在になっていました。

ベールを脱ぐことになったのが中央入り緒戦の京成杯3歳S（昭和63年11月13日）でした。8頭立てという少頭数ながら、2勝馬が4頭いるメンバー構成でしたが、後方の、とても届かぬ位置からの直線一気。初めての芝のレースで連勝を5に伸ばしたのです。

この勝利は、ホッカイドウ競馬出身馬として初めての中央競馬の重賞優勝という記録。凡庸どころか、特別な、選ばれた一頭として俄然、注目を浴びることになりました。

その後、休養に入って年明け緒戦の復帰戦に選んだのがスプリングS。いつものように後方からの競馬でしたが、直線少し窮屈になったことが応えて逃げたナルシスノワールはおろか、好位を進んだ2着馬も捉え切れずの3着に終わります。しかし約4カ月半ぶりの実戦で10kg増。そこからひと叩きして本番へ、というステップは、まさに順調そのものの臨戦過程にも映りました。

ちなみにスプリングS2着馬は、ウィナーズサークルにカトレア賞で土をつけたドースクダイオーで、この馬も弥生賞大敗後、捲土重来を期してのトライアル出走。

それぞれの馬達が試行錯誤を繰り返しながら、大混戦のクラシック第一冠目の皐月賞を目指しました。

無論、ウィナーズサークルもその中の1頭でしたが、とにかくダートの未勝利戦、500万下の平場戦を2勝しているに過ぎず、重賞には出走経験もないという、いたって地味な戦績。

現実問題として、除外対象であり、出走できること自体が抽選待ちの身ですから、この時点ではほとんどの人がそれほど気に留めていない存在だったでしょう。

2　道悪の激闘

◆スター候補の不運◆

「人気を予想する」行為も、競馬予想の初歩的な楽しみのひとつ。〝大混戦〟なんて評判があるなら尚のこと。

平成元年の皐月賞は、まさにそういったレースでした。

年明けの重賞勝ち馬がすべて異なる馬だったことは先に触れましたが、そのうちの共同通信杯を勝ったマイネルブレーブが左後肢の筋肉痛で、きさらぎ賞を勝ったナイスナイスナイスが脚部不安で出走を回避。そして前述した通り、弥生賞を勝ったレインボーアンバーまでがレース当該週に出走を回避したかと思えば、同じ日に3連勝中だった関西馬タマモベイジュも回避を発表。混戦というより、混沌としたムードが漂っていました。

この状況下で、一体どの馬を本命視するのか。

レインボーアンバーが無事だとして、それでも1番人気に支持されるのではないか、と思われていた3歳王者サクラホクトオーが浮上しました。弥生賞の敗因のほとんどが極悪馬場によるものだ、という捉え方は根強く、良馬場ならば逆転可能、という見立てが大勢を占めたのです。

ところが皐月賞当日。前日から降り続いた雨の影響が残って、馬場状態は弥生賞同様の〝不良〟になってしまいます。昼過ぎには雨が上がったため、天候発表は〝晴〟ですが、弥生賞ほど極端な状態ではなかったにしても、中山での連続開催の最終週のこと。かなり荒れた馬場状態だったことは間違いありません。

それでも1枠1番に単枠指定された次世代のスター候補生は1番人気に支持されます。単勝オッズは、複雑なファン心理を映し出したかのような3・0倍でした。

さてウィナーズサークルはと言うと、かろうじて抽選をくぐり抜けて出走が叶いましたが、デビューから初めて1番人気の座を降りることになって、7番人気の単勝16・2倍。

郷原騎手は言います。

「とにかく出走できたこと、まずスタートラインに立てたことは良かった。すべてそこからだから。状態は相変わらず申し分なかったし、どんな競馬になるかはわからなかったけど、本来の力さえ出せればチャンスはあると思っていた」

そのチャンスを、ウィナーズサークルは生かすことになります。

●＝第8戦＝
平成元年4月16日。第49回皐月賞、ＧⅠ（晴・不良）
第3回中山競馬8日目第10レース、芝２０００ｍ、４８２kg。

枠順が確定して、20頭立ての20番枠を引いたのがトライアルの覇者ナルシスノワールでした。スプリングSをマイペースで逃げ切った馬にとって、この大外枠は不運にもほどがあったことでしょう。

しかしスプリングSに続いて手綱を取った菅原泰夫騎手によれば、父が短距離血統のスティールハートだったことから、

「もともと距離には課題があるなと感じていたんだよね。スプリングSは１８００ｍでうまくいっ

たけど、皐月賞はあの枠を引いた時点で、もう厳しかったよね」

と冷静に受け止めていました。


とはいえ、トライアルを逃げ切った馬の大外枠。一般のファンにしてみれば、これも予想を難しくする一要因にはなりました。

それでもナルシスノワールは果敢にハナに立つべく先行態勢を取ります。しかし、それを制して主導権を握ったのは、6枠13番から好スタートを切った新潟3歳Sの覇者であり、それ以来の出走となるマイネルムートでした。少し離れてアンカー、アイネスボンバー、ドースクダイオーが続いて、この直後にサクラホクトオーがつけます。

1000m通過が60秒9。相当に荒れた不良馬場ですから、いくらか速く、厳しい流れとみるべきでしょう。向正面でアンカーが故障を発生したことをみても、馬場の荒れ方、レースの過酷さが想像されるというものです。

そのアンカーが後退する際に、まともに行き場をなくして態勢を崩した関西馬スターサンシャインが万事休すに。続いて4コーナーを向いたところでは逃げていたマイネルムートが力尽きます。替わってアイネスボンバー、ドースクダイオーが並走しつつ前に出ようとしますが、直線坂下でナルシスノワールが先頭へ。そこへ内ラチ沿いを捌いて猛然と襲い掛かったのがドクタースパートでした。

19番枠という外枠から揉まれないように中団につけ、早目に好位勢の直後に取り付いて追走。4コーナーで完全に前を射程圏に入れると、直線はグイグイと、力強く一気に抜け出し、ラチ沿いを最後までバテることなく駆け抜けます。

2分5秒2、不良馬場の激闘を制し、ホッカイドウ競馬出身馬として史上初となるJRA・GⅠ、それも牡馬クラシック、皐月賞のタイトルを手にした瞬間でした。鞍上の的場均騎手も、デビュー15年目で嬉しいクラシック初制覇となりました。

戦前の予想通り、混迷ムードで迎えた平成元年の牡馬クラシックは、こうして地方競馬出身の馬による〝偉業〟で幕開けしたのです。

さて、2着以下──

ドクタースパートを道中、マークするように追走していたアンシストリーが直線、大外から脚を伸ばします。その脚は勝ち馬を捉えるかと思わせるもので、実際、推定の上がりタイムは勝ち馬を凌ぐものでしたが、アンシストリーの更に後ろから、メンバー最速の上がりを駆使した白い馬が馬場の中央を通って躍り出ます。

ウィナーズサークルでした。

５枠11番からのスタートで、これまでとは違って中団よりも少し後ろくらいの位置取り。そこで流れに乗り、３コーナーを過ぎるまで動かず、４コーナー手前からの仕掛けで先団直後へ。

これまでと決定的に違っていたのがここからで、直線、すぐ前にドクタースパートが見えてもまったく躊躇することなく、最後まで鋭く詰め寄って半馬身差まで迫ったところがゴールでした。

「あれ？ いつこの競馬を覚えたかな？」というのが率直な感想だった。

自分としては半信半疑だったんだ。

道中はできるだけ我慢させて、追い出すのもひと呼吸待つくらい。うまく直線で前が開いてくれたこともあったけど、しっかりした伸びを見せてくれたよね。

とにかく、初めて持っている力を見せてくれたのかな、という感じだった。

それに、２着に入ったことで、ダービーの出走権が取れたっていうのが何よりホッとしたよね」

郷原騎手が何よりホッとした、というのは、おそらく松山師と最初に交わした言葉が胸につかえていたのでしょう。

「ダービーに行きたいのなら先生、少し任せてもらえるかな」

「任せるから」

というやりとりです。

とりあえず最初の約束を果たせた安堵感、だったと思われます。

松山師の方はと言うと、

「道悪でノメるところがあった分、慎重になって道中掛かるところがなかった。道中はいい感じで走れたし、そのリズムのまま直線を向いてハミを取ったと思ったら、グンと加速してからグイグイ伸びてきましたからね。やっと期待していたような走りをしてくれた。自分の見込み違いではなかったって、確かな手応えがあった。

そういう意味では、実はこのレースがウィナーズサークルのキャリアの中では一番嬉しかったというか、印象深いんですよ。

負けはしたんだけど、これでもうあとは何とかなる、といったような確信めいたものがあったのかな。

勿論、ダービーに向けても、さあこれからだ、というね」

サ　ラ　4　才

3回中山第8日10R　　第49回　皐　月　賞(GI)　　(芝)右内2000米　20頭

(単枠指定競走)

4月16日　晴・不良　　4才,オープン牡57K牝55K

賞金①75,000,000②30,000,000③19,000,000④11,000,000⑤7,500,000円

附加賞 5,832,400円 1,666,400円　833,200円　　ﾚｺｰﾄﾞ2.00.0

予想	連番	馬番	馬名	性年	斤量	騎手	タイム	着差	通過順位	上り	単勝票数	単人気	単勝オッズ	複勝票数	馬体重増減	厩舎
×	[8]	19	(地)ドクタースパート	牡4	57	的場	2.05.2		[1][6][5][5]	38.1	434506	③	7.9	343388	434-16	北柄崎孝
×	[5]	11	ウィナーズサークル	牡4	57	郷原	05.3	½	[11][10][12][12]	37.6	210236	⑦	16.2	162005	482-2	南松山康
○	[7]	15	アンシストリー	牡4	57	岡部	05.4	½	[14][14][8][7]	38.0	514751	②	6.7	473852	444 0	南畠山
	[2]	2	オースミシャダイ	牡4	57	松永昌	〃	ｱﾀﾏ	[10][10][5][5]	38.3	55468	⑯	61.4	54912	452-8	栗武邦
×	[4]	7	(抽)ワンダーナルビー	牡4	57	田村	05.6	1½	[17][17][10][9]	38.1	425929	④	8.0	501387	472-4	南久恒
	[8]	18	スピークリーズン	牡4	57	柴田人	05.7	ｸﾋﾞ	[18][14][8][8]	38.3	79740	⑬	42.7	55399	434+2	北尾形充
	[7]	17	ドースクダイオー	牡4	57	菅原隆	05.8	½	[6][3][1][1]	39.0	164648	⑩	20.7	113688	482 0	南西塚十
◎	[6]	12	アイネスボンバー	牡4	57	中舘	06.2	2½	[6][4][1][1]	39.4	145632	⑫	23.4	110519	430+4	北加藤修
△	[8]	20	ナルシスノワール	牡4	57	菅原泰	06.4	1	[1][2][1][1]	39.9	253390	⑥	13.5	232615	466+2	栗田之上
	[4]	6	アクアビット	牡4	57	木幡	06.6	1½	[6][6][10][10]	39.1	175331	⑨	19.5	126420	424-6	南嶋田功
	[7]	16	(市)リキサンロイヤル	牡4	57	柏崎	06.9	1¾	[14][17][14][13]	39.0	37862	⑳	89.9	39271	460-4	北奥平
	[6]	14	エイシンハンター	牡4	57	武藤	07.1	1¼	[19][19][14][14]	39.2	56878	⑮	59.9	49129	444+2	栗湯浅
	[4]	8	ミスタートウジン	牡4	57	柴田善	〃	ｱﾀﾏ	[20][19][14][16]	39.3	61694	⑭	55.2	47176	508+2	栗福島信
	[3]	4	ベッサーベルデン	牡4	57	東	07.3	1	[14][14][18][18]	39.2	51116	⑱	66.6	42074	468-2	南久恒
×	[5]	9	スターサンシャイン	牡4	57	岡冨	〃	ｸﾋﾞ	[11]⑩[19][19]	38.6	366046	⑤	9.3	255573	466+2	栗中村覚
	[2]	3	ルーミナススマイル	牡4	57	安田富	07.4	½	[5][10][12][14]	39.7	193464	⑧	17.6	159768	484-6	北尾形充
	[3]	5	リアルビクトリ	牡4	57	蛯名正	07.9	3	[6][6][14][16]	40.0	155257	⑪	22.0	123064	456+2	北矢野進
	[6]	13	マイネルムート	牡4	57	蛯沢	08.2	1¾	[1][1][1][4]	41.7	53553	⑰	63.6	40745	510+28	北栗田
▲	[1]	1	(市)サクラホクトオー	牡4	57	小島太	08.5	1¾	[4][6][5][10]	41.3	1135935	①	3.0	534837	440-4	南境勝
	[5]	10	アンカー	牡4	57	大塚	中止		[3][4]	—	38766	⑲	87.8	32883	448-6	北八木沢
								計			4610202			3498705		

連複[5]-[8] 1730円　10人気　単790円　複260円　460円　210円

ﾊﾛﾝ12.52　上り51.5−38.7　ペースH　決手　1着馬 漸進鋭　2着馬 直一気

	600米	800米	1000米	1200米	1400米	1600米	1800米
通過ﾀｲﾑ	34.7	47.9	1.00.9	1.13.7	1.26.5	1.39.4	1.52.1

ﾗｯﾌﾟﾀｲﾑ　11.9-10.9-11.9-13.2-13.0-12.8-12.8-12.9-12.7-13.1

①単枠指定馬⑩向正面落馬⑨向正面不利

S　前　(13.20)10.1.3(5.6.12.17)2(9.11.19)(4.15.16)7.18.14.8

2　角　13.20.17(10.12)(1.5.6.19)(2.3.9.11)(4.15.18)(7.16)(8.14)

向正面　13.20.17(1.12)(2.5.6)19(3.11)15.18.7(8.4)9(16.14)落10

3　角　(13.20.12.17)(2.1.19)(15.18)(6.7)(3.11)(8.5.16.14)4.9

4　角　(20.12.17)13(2.19)15.18.7(6.1)11.16(3.14)(8.5)4.9

と気合を入れ直すことになりました。

ドクタースパートは前述の通り、ホッカイドウ競馬出身馬として史上初の偉業を成し遂げましたが、スプリングSから16kg減の４３４kg。不良馬場での劇走の影響が、予想以上に二冠目への負担になります。

３着に終わったアンシストリー陣営は、不良馬場に脚を取られていたこと、外枠から終始外を回らされるロスがあったこと、そしてウィナーズサークル同様、「距離が延びてからのタイプ」と踏んでいた中での好走でしたから、ダービーへ向けた確かな手応えを得ていました。

ただ、この馬の場合、極悪馬場の弥生賞に続く、道悪の皐月賞。連続での好走、いや激走による疲労の蓄積は、やはり想像以上のものがありました。

１番人気サクラホクトオーは19着。１頭が競走を中止していますから、事実上の最下位ということになります。馬場に脚を取られてノメるようなシーンがあって、しかも1番枠のため次から次に外から来られて被されるような格好になって、息の入るところがなかったことも応えたに違いありません。

弥生賞のトラウマを引きずっていた可能性があるにしても、道悪ではまったく走れない、という馬が居るのも事実。

クラシックに勝利するための要因として、目に見えない何か、が必要なのだとすれば、４歳春のサクラホクトオーには、〝ツキ〟がありませんでした。

第6章

奇跡の瞬間

1 祭典を前にした鳴動

◆迷いのないぶっつけ◆

混迷ムードで幕を開けた平成元年クラシック戦線。第一弾の皐月賞が終わり、多少なりともダービーへの道筋が見えてきたかと言うと、決してそうではありませんでした。ぼんやりしていた勢力図らしきものがいくらか書き換えられたものの、しかしその輪郭が表れるまでの流れにはならなかったのです。それどころか、まったく正反対、混迷ムードに拍車がかかることになってしまいます。

その要因はいくつか挙げられますが、まず皐月賞馬ドクタースパートの微妙な評価がありました。もともと地方競馬出身で、〝エリート〟と呼ばれるＪＲＡの素質馬達とは一線を画していましたし、走破タイムそのものも、不良馬場ですから仕方がないにしても、ごく平凡なもの。しかもゴールでは後続に詰め寄られていて、一杯一杯の勝利にも映りました。

そのうえで、皐月賞が終わってみても、やっぱり明け４歳の重賞の勝ち馬は、それぞれ別の馬であることに変わりはなかった、ということになります。

つまりは、第一冠目を制したはずの皐月賞馬に、世代をリードする、と言ったイメージを抱きにくかったのです。

更に皐月賞馬がダービーに向かう調整過程で、大幅な馬体減の後の反動が懸念され、上がり目にも疑問符が打たれることになっては、不安ばかりが先立つことになります。

この、「有力どころの上がり目」というのは、平成元年クラシックの隠れたキーワードになるのです。

皐月賞2着ウィナーズサークルはどうかと言うと、上がり目に溢れるだけに、さすがに「有力どころ」と目されるようになってはいましたが、懸念材料がなかったわけではありません。というより、心配な材料は少なくありませんでした。

まず、東京の芝コースを経験していない馬のダービー制覇は、その当時過去に例がなく、いやそれ以前に、芝のレースで勝っていない馬がダービーを制したこと自体がありませんでした。更に2勝馬によるダービー制覇というのも、昭和24年のタチカゼ以来、40年間出ていなかったのです。

予想をする際に〝データ派〟を自任するファン、馬券師がいらっしゃいます。そういう皆さんから言わせると、ダービーでのウィナーズサークルはとても買える馬ではない、ということになります。逆に馬券の目から外して買いやすい、「美味しい危ない人気馬」的な存在の代表格だったかもしれません。

ただし、先に挙げた不安材料は、皐月賞から中2週のNHK杯を使うだけでひとつをクリアし、そこで勝利を収めることができれば、すべてクリアできるもの。NHK杯からダービーへは中2週。現在の感覚で言えば強行軍ですし、当時としても懸念材料と捉えられるケースはありましたが、それほど驚かれるようなローテーションでもなかったですから、皐月賞後の動向が俄然、注目されることになります。

ところが、ウィナーズサークルはNHK杯には出走しませんでした。それどころか、1週前の時点での特別登録すらなかったのです。

松山師は振り返ってこう語ります。

「NHK杯を使うことはまったく頭になかったですね。ダービー出走の権利が取れてなかったら使う選択肢もあっただろうけど、幸い権利は取れたわけですから。

皐月賞からぶっつけだと中5週になりますが、そのくらいの間隔が理想的だとミスターシービーの頃から…いやそれよりも前からかな、思っていたし、東京の芝コースが未経験であるとかないとかは気にしていませんでした。

結果的に正解でしたよね、NHK杯も不良馬場になったから。今になって思い返してもゾッとしますよ。皐月賞と連続で道悪を使っていたら、その影響がどう出ていたのかわからないですからね」

そう、皐月賞が終わった後になっても、混迷ムードが解消されなかった大きな原因はここにありました。

弥生賞、皐月賞、ＮＨＫ杯と、ダービーへ向けた主要レースがすべて不良馬場で争われるという、他の年にはほとんど例のない事態が生じていたのです。

それぞれの結果を分析する際に、まずどういう比較が可能なのか、とか、何を拠り所にすればいいのか、要するに、どこに論拠を求めればいいのか。

そして何よりも、不良馬場で主要レースを走った馬達の消耗度。大一番に向かうにあたって重要な上がり目、上昇度がどの程度期待できるのか、という問題。この部分がレースに大きく影響を及ぼすことになります。

要は数字に表われた部分の解析が難しく、まったくの混沌状態になったのです。それによって、人それぞれの思い込みや勝手な判断、想像力が重要になりました。ただ、これこそが競馬予想の醍醐味と言って差し支えないものではあるのですが。

ともかくも、皐月賞後の臨戦過程についての松山師の迷いのない判断は、本番で大きなチャンスを手繰り寄せる要因になったことは確実でした。

◆新手の登場◆

混乱期はすなわち群雄割拠の状態を引き起こします。洋の東西を問わず、常に歴史はそうあるもの。

皐月賞が終わって尚、混迷ムードが漂った平成元年の牡馬クラシック戦線は、まさにそういった様相を呈することになります。

ダービーを前にしたトライアルレースで、皐月賞組とはまったく別ルートから〝候補〟達が次々と名乗りを上げるのです。

まず、関西から派手な新星が表れます。

《若草S》レースメモ

平成元年4月23日、芝2400m（小雨・重）

8頭立ての少頭数。前半無理することなく自分のリズムを守って追走したロングシンホニーが、勝負どころを過ぎると引っ張り切れない手応えで進出。直線を向いてもほとんど持ったまま。そこから軽く追い出されると、アッと言う間に後続を9馬身ち切り捨てる圧勝劇。

大種牡馬ノーザンテーストが日本に輸入される前、一時代を築いた種牡馬がパーソロンでした。その代表的な産駒だけを挙げると以下のようになります。

まず七冠馬シンボリルドルフ。この馬と昭和53年のサクラショウリの２頭のダービー馬を送り出しています。

また昭和46年カネヒムロに始まって、47年タケフブキ、48年ナスノチグサ、49年トウコウエルザと、オークス馬は４年連続で。

桜花賞も昭和46年ナスノカオリと昭和59年ダイアナソロンの２頭が出ています。

そして昭和46年と51年にはリーディングサイヤーの座にもつき、パーソロン自身、大種牡馬といって差し支えない実績を残しましたが、昭和60年10月５日に急死。生産界に衝撃を与えることになりました。

つまり昭和61年生まれの、平成元年のクラシックを目指す産駒達は、文字通り最後の世代になります。

そして〝パーソロン最後の大物〟として期待されたのがロングシンホニーでした。３月４日の未勝利戦で初勝利を挙げ、３月25日フリージア賞、４月23日の若草Sと３連勝を飾り、勇躍東上してきたのです。

《青葉賞》レースメモ

平成元年4月29日、芝2400m（晴・良）

当時の青葉賞は皐月賞とは別路線組の、長距離血統、遅れてきた大物、といったタイプの出走馬が多かった。ダービーに何とか間に合わせたい気持ちの表れだったのか、2400mの割に流れが忙しくなる傾向があり、差し、追い込みが台頭するケースがしばしば見られた。

ただ、この年は先行馬が序盤はペースを上げたものの1000m61秒5。好位で行きたがるのを宥められたロンドンボーイだったが、直線では早目に先頭へ。最後方を悠然と進んだサーペンアップは、ロンドンの内目に進路を取ってスパートすると、坂を上がって捉え切り、ゴールでは1馬身1／4差をつける完勝。

敗れたロンドンボーイだったが、自ら早目の仕掛けで目標になりながら、最後まで諦めずに流れ込んで2着。今回が4戦目。前哨戦としては申し分ない結果と言えた。

ＮＨＫ杯の前週に、もうひとつダービーの指定オープン競走が組まれていました。重賞に昇格する前の青葉賞です。

本番と同じ芝２４００ｍで争われるのは現在と同じですが、皐月賞から中１週だったため、自ずとトップクラスに準ずるメンバー構成になる傾向がありました。しかしそこには〝遅れてきた大器〟

が揃っていることも少なくありませんでした。

この年の青葉賞を制したサーペンアップも典型的な一頭だったと言えます。

デビュー戦が526kg。当時としてはかなりの大型馬(レインボーアンバーの弥生賞が500kg)でしたが、そのタイプにありがちな不器用さが残っていて、11月の芝1800mの新馬2戦ともに後方から脚を伸ばすものの3着止まり。休養して臨んだ年明けのダート戦で初勝利を挙げますが、スプリングSに挑戦して14頭立て14着。続くダートに戻った5戦目に、大出遅れからコーナー4回をひとマクリ。1分52秒0という、ダート1800mにおける世代ナンバーワンの時計で駆け抜け、2着馬を5馬身ち切るという離れ業を演じます。そこから中2週で青葉賞に駒を進めてきたのでした。

サーペンアップもまた、一度も勝っていない芝のレースで、その秘めた可能性に期待がかけられていたのです。

道中はいつも通り、マイペースの最後方。直線を向くまでジッとして、先に動いたロンドンボーイの内に進路を取ると、力強く末脚を伸ばして1馬身1／4差の完勝。3勝目が指定オープン。堂々とダービーへ向かうことになります。

2着に敗れたロンドンボーイを管理したのは藤沢和雄調教師です。

昭和62年に調教師免許を取得し、開業したのは翌63年。以来、年々勝ち鞍を増やし、平成4年に初の関東リーディングトレーナー。平成5年から平成21年の間に12度の全国リーディングの座につき、通算勝利数でも平成31年4月29日終了時点で1443勝（歴代2位）を挙げている現在進行形のレジェンドですが、そのまさに開業年の春に入厩、〝未来のエース〟として期待されたのがロンドンボーイでした。

10月8日のデビュー戦でサクラホクトオーの3着。12月25日の未勝利戦も3着。そこでひと息入れる形で休養したのは馬体面の成長を促すためでしたが、その効果もあって4歳緒戦の4月2日に初勝利。1勝馬の身ではありましたが、開業して最初のダービー出走を目指して中3週の青葉賞に照準を合わせ、敗れはしたものの、キッチリと権利を取ることに成功したのです。

《第37回NHK杯・GⅡ》レースメモ

平成元年5月7日、芝2000m（雨・不良）

間断なく雨が降り続いて不良馬場。2枠3番の好枠からハナを主張したトーワトリプルが逃げ、道中後続が動いて出てきてもお構いなし。馬場のいい外目を選んで走らせ、直線も馬場の真ん中よりも外に持ち出してスパート。2分5秒0で3／4後続を抑えたところがゴール。8枠15番から好位をキープしたリアルバースデーは、その位置でジックリと脚をタメて追走。直線はトーワトリプルの更に外に持ち出し、しっかり脚を伸ばして2着。マイネルブレーブは大外枠からのスタート。前半からまったく無理をせず、最後方を追走。何度かノメるようなシーンが見られ、直線では前の馬がフラつく中を、最後までジワジワと脚を使って0秒5差3着。ダービー出走権利を獲得する。

（マイネルブレーブの場合）

皐月賞からダービーまでのローテーションについて悩む陣営と違って、皐月賞を予定していながら何らかのアクシデントで使えなかった陣営にとっては、ＮＨＫ杯はダービーの出走権を得るための、まさに最後のトライアルレースでした。

特に共同通信杯を勝ちながら筋肉痛のため皐月賞回避、ダービーへの臨戦をどうするかの選択を迫られていたマイネルブレーブにとっては、ここを使うか否かは深刻な問題だったはずです。

ぶっつけでのレースになることを避けるためには、本番前にひと叩きが必要。しかし筋肉痛発症後の約1カ月弱の間は完全に運動を休んで治療に専念しており、更に挫石するアクシデントなどもあって、明らかに攻め不足、急仕上げは否めません。しかし陣営は出走に踏み切って、最後方からの一発勝負で見事に権利を手に入れます。

（トーワトリプルの場合）

逃げ切ったトーワトリプルは、皐月賞馬ドクタースパートと同じ柄崎孝厩舎所属。未勝利戦を勝ったばかりの身で弥生賞に挑戦しましたが、同じ先行脚質だったレインボーアンバーの情け容赦ない走りに翻弄されて大敗。しかし自己条件に戻って芝1600mの山桜賞でアッサリと逃げ切って2勝目を挙げると、最後の力試しとしてNHK杯に駒を進めて3勝目。ダービーへ夢を繋げることに成功します。

（リアルバースデーの場合）

大種牡馬ノーザンテーストの後継種牡馬として、社台ファームが威信を賭けて輸入したのがリアルシャダイでした。昭和62年デビューの初年度産駒から重賞勝ち馬を出し、期待通りの種牡馬スタートを切ると、2世代目となる平成元年組にも、京成杯を勝ち、皐月賞6着のスピークリーズンが出て、順調にダービー出走を予定していました。

そこにもう一頭、ラストチャンスとしてNHK杯に駒を進めたリアルシャダイ産駒がリアルバースデーでした。

使い出しは夏の新潟戦と早かったのですが、まだ成長途上の段階で、２戦目に16㎏の大幅な馬体減があって424㎏。そのダメージは大きく、脚元にも不安が出たことで休養して立て直しを図られますが、骨折が判明し、復帰できたのは年明けの２月。５カ月ぶりの未勝利戦で２着した後、続く年明け２戦目にようやく初勝利を挙げることになりますが、これが弥生賞前日の３月４日。

この後、中３週開けた４月２日の山桜賞２着後、東京に場所を移して中２週で臨んだ新緑賞（２２００ｍ）を完勝したのが４月22日。そしてＮＨＫ杯はそこから中１週。

初勝利が３月だった時点で、そこからダービーに向かうプランがあったのかどうか。いや仮に思いついたとしても、実行に移すのは難しいように思えます。が、ＮＨＫ杯を前にして陣営はハッキリと次に照準を合わせたかのように見えました。

鞍上に菅原泰夫騎手を配し、満を持した臨戦態勢を整えたのです。

テン乗りとあって前半は手応えを探りながらの追走でしたが、直線を向いて大外に持ち出すと力強い伸びを見せてトーワトリプルに迫ったところがゴール。

これがトーワトリプルと３度目の対戦で、結果３連敗を喫することになりましたが、距離が延びるにつれて着差を詰めてきたこと、何より菅原騎手が本番への手応えを得るという大きな収穫のある２着でした。

《第35回京都4歳特別・GⅢ》レースメモ

平成元年5月7日、芝2000m（曇・重）

スターサンシャインが皐月賞の大敗から巻き返せるのかどうか、が最大の焦点となったレース。好発から逃げたファーストホームの1000m通過が61秒4。重馬場だけにやや速めのラップだったが、構わず積極的にサンドピアリス、ラッキーアトラスが続き、その直後から早目に動いて出たのがスターサンシャイン。

直線を向いて一気に先頭に躍り出ると、内にササりながらオースミシャダイを1馬身1／4差押さえて完勝。重馬場で2分5秒8。最後の最後まで、道悪にたたられる格好で前哨戦を終えた。

京都新聞杯の日程が10月から5月に変更される平成12年までは、関西勢にとってはこのレースがダービーに向けた東上最終戦として定着していました。

勝ったスターサンシャインは皐月賞出走後でしたが、レース中に大きな不利があって不本意な結果に終わり、ここの結果次第で再東上するかどうかを決める、といった意味がありました。

デビューからダートで2連勝。もともと〝繋ぎが短い〟という体形的特徴があり、「芝よりもダート向きかも」と中村覚之助調教師も漏らしていましたが、きさらぎ賞ではスタートで後手を踏みながら3着。初めての芝のレース、それも重賞での好走により、続くすみれSでは俄然注目を集めることになりますが、好位からモタれ気味になって動けず終いの5着。この時に手綱を取った武豊騎手のレース後のコメントが「よくわからない」ですから、気性面でも難しいところがありました。

ところが続く毎日杯では不安を払拭して重賞初制覇。皐月賞では5番人気に支持されてますから、明らかにダークホースと目されていましたが、前述の通り向正面で故障馬が下がってくるのを避け切れずにまともに接触。大きくバランスを崩す不利があって15着に敗れてしまいます。

この皐月賞の大敗について、もともと時として走る気を出さなかったり内にササッてみたりと、気性面で難しいところが残っていただけに、はたして敗因が不利によるものだけなのかどうか。また大敗の精神的ダメージは残っていないのか。それらの懸念材料を、この京都4歳特別で見極めたい思いもあったものと思われます。

そのうえで、好位から早目進出からの抜け出しで完勝。直線で内にササる悪癖が出て審議の対象にはなりましたが、ほぼ態勢が決してからのことでした。更にその2着オースミシャダイは皐月賞4着馬ですから、本来であれば勇躍の再東上になるはずでした。それこそ関西勢最後の切り札的扱いをされていたのは、この馬だったかもしれません。

しかしその翌週。左第一指節種子骨骨折を発症。全治には1年以上、という診断が下される重傷で、ダービーを断念することになってしまいます。

結果として、残念ながらそこで競走生命を絶たれることになりました。

そしてほぼ同じ時期に、蹄を傷めて皐月賞を自重し、ダービーを目指して調整されていたレインボーアンバーが出走を断念。ドースクダイオーも脚部不安を発症して休養に入ることが発表されます。

大一番を前に、個性的な面々がそれぞれに、堂々と名乗りを挙げる一方で、戦線を離脱する素質馬達もいて、ますます渾沌としたムードが漂うことになったのです。

◆抱えたままの不安◆

一方の皐月賞上位組。

勝ったドクタースパートは16kgという大幅馬体減での激走だったため、さすがにダメージは小さくありませんでした。慎重に再調整が進められ、1週前の併せ馬では好タイムが出て一応の態勢は整ったようにも映りましたが、見た目には期待したほどは馬体が戻った印象はなく、動きそのものも皐月賞前の迫力にはなかなか戻りません。

皐月賞で3着に食い込んだアンシストリーは1コーナーで他馬と接触する場面などがあり、レース中に飛節に外傷を負っていました。それだけレースが過酷だったことを物語るわけですが、2週間ほど楽をさせて再調整に入ります。

ダービーの2週前には東京競馬場に入厩して最終調整に向かう念の入れ方で、順調に回復しているかのようでしたが、23日の午後運動を終えた後、右後肢に軽い跛行が見られ、翌24日、東京競馬場内の診療所で診察を受けた結果、右後肢繋靭帯炎であることが明らかに。ダービー出走を断念することになってしまいました。

さて、ウィナーズサークルはと言うと、皐月賞2着後も順調そのものでした。NHK杯を使わない経緯は前述した通りで、松山師はぶっつけで臨む調整方法に迷いはなく、自信も持っていました。

新畑助手も、

「皐月賞の後からですよ、本当に良くなってきたのは。落ち着きが出てきたし、馬体が締まって持て余す感じもなくなった。ソエも心配なくなって、走る時の首の使い方も良くなってきてね。本当に、皐月賞が終わってから見違えるように良くなりました」

と上昇ぶりを感じていました。

ところがウィナーズサークル陣営で、たった一人、不安を解消できずにいた人物がいました。郷原騎手です。

「皐月賞でやっと持っている本当の力を見せてくれた、という手応えは確かにありましたよ。でも、じゃあダービーもはたして同じような走りをしてくれるのかどうか。その不安はどうしても拭えなかった。

それくらい難しい馬だったよね」

皐月賞の結果を見て、多くの人は「郷原騎手がやっと手の内に入れた」という印象を抱いたでしょう。しかし、当の本人はまだ掴みかねて、不安を抱いていたようです。

この不安はレース当該週の追い切り後、一旦、消えたかのように思えました。が、厳密に言うと、ダービーでゴールするまで解消することはありませんでした。

2 ダービーウィークの風景

◆トレセン開場前の記憶◆

ダービーは〝競馬の祭典〟と言われます。

それだけ特別なレースであることは間違いありません。

ダービーについて、往年のダービージョッキー達に話を聞かせてもらったことがありますが、彼らも口を揃えてその特別さを強調します。

昭和50年にカブラヤオーでダービーを制した菅原泰夫騎手には、トレセンが開場する前の、各競馬場内にあった厩舎エリアの雰囲気を伺ったことがあります。

「有力馬であるかどうかは関係なしに、ただダービーに出走する馬がいる、というだけでお祝いの花とか樽酒とかが届けられて、厩舎の前にズラッと並ぶんだよね。それだけでもスタッフは誇らしい気分になるし、馬主さんがいろんな人を連れて激励に来てくれたりもして、賑やかで華やいだ空気に包まれるんだ。

それこそ印がつくような馬だったりしたら、新聞社やテレビのクルーとかが大勢でやってきて対応に大忙しになるしね。

こういう雰囲気になるのはダービー以外にはなかったよね。他の大きなレースの時も普段とは違ってたけど、週の始めからってのはなかったし、ダービーの週の華やかさ、晴々しさは、やっぱり特別だった」

トレセン開場前というのは、その日の競馬が終わった後に、馬主さんが厩舎を訪ねて来るのは慣例のようになっていて、馬が勝っていれば当然祝杯になりますし、負けていれば反省会や次のレースの作戦会議になるケースもあったり、だったようです。

騎手の立場としては、それはもう楽しかったり辛かったりしたことでしょう。何しろ競馬場の敷地内のことですから、馬主さんは頭も心も興奮冷めやらぬ状態が続いての訪問だったはず。勝てばご祝儀負ければゲンコツ、は冗談としても、大きなレースであればあるほど、負けた際のいたたまれなさは、想像するのがつらくなるくらい。

いや、そもそも〝頭も心も興奮冷めやらぬ状態〟だったのは騎手の方とて同じだったはず。そのうえでの馬主さんとのやりとりになるわけですから、その感情の抑え方とか気の使い方などは、これはもう想像を絶するとしか言いようがありません。

それなのにダービージョッキーの栄誉を持つレジェンド達は、これも口を揃えて、

「楽しかったよね。いい時代だったと思う」

と言うのですから、今の時代の感覚でもってとやかく言うのは野暮なのでしょう。

そう、これらの話はトレセン開場前のこと。

今の常識では理解に苦しむのは当たり前なのかもしれませんが、では美浦トレーニングセンター

が開場してちょうど10年が過ぎ、11年目を迎えた平成元年当時のダービーウィークはどんな雰囲気だったのでしょうか。

そこにも、でもやっぱり、特別な空気が流れていました。

◆平成元年5月最終週◆

ダービーを28日に控えた5月最終週。関東地方は週明けの22日から好天が続き、水曜日の24日、木曜日25日の本追い切り当日の美浦も、調教時間中に雨が降ることはなく、各陣営、思い思いの調教メニューをこなしました。

ただ、24日はダート、芝コースとも不良馬場。

このあたり、気象庁の過去データに全面的に頼りましたが、23日夜に雨が降った影響が翌日に残っていたようです。

＝24日、水曜日の南馬場＝

ウィナーズサークルは芝コースで７ハロン（１４００ｍ）から、いつも通りのハードワークで最終追い切りを行います。直線、軽く仕掛けただけで上がり８００ｍ49秒６、６００ｍ37秒６と、申し分ない動きを披露します。

同日。ドクタースパートも同じく芝コースで追い切り、こちらは併せ馬で遅れてしまいますが、6ハロン（1200m）で80秒2ならタイム的には何ら問題のないもので、減っていた馬体の立て直しにも成功したように見えました。

しかし同厩舎のトーワトリプルは同日、的場騎手がドクタースパートに騎乗するため、テン乗りとなる増沢騎手を背に、こちらも芝コースで追い切られて、7ハロンから追って6ハロンの時計で74秒2。やはり勢いというか、充実度ではこちら、を強く感じさせたのも事実でした。

リアルバースデーも24日に最終追い切りを行いましたが、こちらはダートコースでの単走で7ハロン97秒3。ローテーションとしてはハードだったわけですが、いつも通りにキッチリと負荷をかけて追い切られました。

追い切り後は、取材陣が関係者に群がります。

まだグリーンチャンネル（通信衛星を使った競馬専門チャンネル）の配信前で、現在のようにテレビカメラの前で合同記者会見、といったものはありませんでした。スタンド一階部分の空いたスペースで、調教を終えたばかりの騎手や、それぞれの関係者を取り囲んでの、いわゆる〝ぶらさがり〟取材が始まります。

いたるところで記者達が群がっている光景は、やはり賑やかで、取材する側も気持ちが高ぶるものがありました。

テレビの取材ともなれば、カメラを前にして話す関係者もやや緊張した面持ちに。この光景は今も昔も変わらないようです。

ウィナーズサークル陣営の取材コメントはいたって明快でした。

「すべてここまでは予定通り。皐月賞の時よりも更に状態は上向いている。万全の状態でダービーに出走させられます」

と松山師。

「やれることは全部やった。馬の状態も最高。あとはこの馬の持てる能力を引き出してやるだけ」

とは郷原騎手。

これについて郷原騎手は、今回の取材で改めて補足してくれました。

「追い切った後、実際いい雰囲気になったと思ったんですよ。その時は本当に、やることを全部やって納得いく仕上げができた、これなら不安に思うところは何もないって思えるかなって。まあ思い込もうとしてたのかもしれないね」

レースに乗る勝負師独特の心の動きだったのでしょう。

その点で言えば、馬を仕上げて後を騎手に託す立場である新畑助手は、追い切り後はリラックスできていたようです。そして、痛快なほど明るい感触も得ていました。

「追い日の午後だったかな。検疫厩舎に来ていた栗山さん（道郎氏）とバッタリ会ってね。どうですかって聞くもんだから、〝凄くいいよ。当日は表彰式用にタキシードでも新調しておいたらいいんじゃないの〟って笑いながらしゃべったんだ。

それくらい、いい状態に仕上がりましたよね」

＝25日、木曜日＝

北馬場のダートコースで追い切ったのがサーペンアップでした。6ハロンから馬ナリの単走で、息を整える、といった印象でしたが、いつものトビの大きなダイナミックなフットワークを見せていました。

北馬場のスタンドは南馬場とは違い、喧騒から少し離れた感じで、かと言って決してのんびりしているわけではないのですが、取材の際も落ち着いて聞ける雰囲気がありました。

この日も多くの馬が追い切った翌日だったこともあってか、それほどのピリピリ感はありません。サーペンアップの追い切り後、ひととおりのインタビューを終えて、スタンド1階の隅で休んでいた田村正光騎手を、デイリースポーツの鶴谷義雄記者と一緒に捕まえました。

「俺なんかにそんなに聞くことなんてないでしょう」

フリー騎手の草分け的存在だった彼ならではの、取材者を煙に巻くようないつもの口調です。

「でもこういうチャンスも滅多にないいんじゃないですか」

と私の方で突っ込むと、珍しく両手を広げて、おどけたようにこう言いました。

「だってウィナーズサークルとか、ＮＨＫ（杯）の１、２着馬に乗るわけじゃないいんだよ」

普段、彼がそんなふうに陽気に、冗談めかした話し方をするのを見たことがなかったので、ちょっと驚いてあっけに取られていると、鶴谷記者が真顔で聞き返しました。

「やっぱり相手はその３頭になるかい？」

と。

すると田村騎手はいつもの様子に戻って、一種異様な光を宿した大きな目を〝ギロリ〟とこちらに向け、黙ったまま、しかしハッキリと頷いたのです。

その目の光は今も鮮明に記憶しています。

今でこそフリーの騎手は珍しくありません。しかしその昔、あの岡部幸雄騎手ですら所属厩舎から離れてフリーになるのにひと悶着があったと伝わっています。

それよりも何年も前に、フリーを宣言し、〝ムチ一本のジョッキー稼業〟を実践に移したのが田村騎手です。

エージェント制（？）など確立していない時代のこと。頼れるのは自分の腕だけ、或いは騎手としてのスキルのみ。そうしたギリギリのところで研ぎ澄まされた感性が、この時の自分のライバルを、皐月賞馬でも新手の関西勢でもなく、「ウィナーズサークルとＮＨＫ杯の１、２着」に限定できたことに表れていたのだ、と気づかされるのは、レースが終わってしばらくしてからのことでした。

追い日である水曜日と木曜日のお天気が良かったことでトレセン内の移動もしやすく、南馬場と北馬場に取材エリアが分かれていても、ダービーウィークの取材は滞りなく円滑に行われました。それは考えようによっては、競馬場ごとに厩舎エリアが置かれていた時代と比べると、型にはまって画一的、であるのかもしれません。

しかし、南馬場所属と北馬場所属の対抗意識は、関係者だけでなく取材者にも通底したものでしたし、ダービーを前にしたことによって、より気持ちが高ぶるという点では、トレセン開場前と平成元年の雰囲気は、それほど大きな違いはなかったのではないか、と思えます。

とにもかくにも、美浦でも栗東でも、各陣営がそれぞれの思惑を抱いて、夢を描き、希望に胸を膨らませ、そしていよいよ決戦の日を迎えます。

3 決戦

◆枠順確定◆

2週前の時点で行われる最終登録には51頭がエントリーし、26日の最終出馬投票を行ったのは32頭。

8頭が除外され、フルゲートの24頭が出揃います。

ウィナーズサークルは1枠3番。

「最高の枠だと思った。

皐月賞が差す形だったから、あれと同じような競馬になったら内で包まれる可能性も考えられたけど、後方からの競馬になるとは思ってなかったし、いわゆる〝ダービーポジション〟を取るのにロスが少なくて済むのはやっぱり有難いですからね」

と松山師。

〝ダービーポジション〟というのは、レースの組み立てをシミュレーションする際に、最初に求められる重要なファクターのひとつ。

単純に言ってしまえば、1コーナーを回ったところで10番手以内の集団を〝ダービーポジション〟と呼び、その位置につけることを、「ダービーポジションを取る」と表現していたのです。

東京芝2400mは、スタート地点がメインスタンドの真ん前。そこから1コーナーまでの距離は、1ハロン（200m）とちょっとしかありません。そこでロスが生じるとレースを通して後手後手に回ることになります。当然、そのロスを避けるべく、各馬が1コーナーまでのポジション争いに殺到しました。

平成元年のフルゲートは24頭。昭和40年代から昭和50年代半ばまでは28頭ですから、ダービーポジションを取ることがうまくいかないと、スタート直後から大きなハンデを背負うことになりました。それこそ、よっぽど突出した能力を有した馬でない限り、1コーナーで最後方から数えた方が早いような位置にいる馬にとっては、ほとんどノーチャンスだったのです。

ですから「ダービーポジションを取る」ことについて、〝言っていた〟とわざわざ過去形にしたのは、フルゲートが18頭の現在なら、仮に1コーナーに入るあたりで外を回ることになったとしても、対応できる馬が少なくなくなったから。

それでも〝ダービーポジション〟が、いわゆる〝死語〟になっていないのは、出走頭数に関係なく、そこでの位置取りが重要であることに変わりがないからなのでしょう。

実際にレースで手綱を取る郷原騎手はというと、

「どんな競馬でもできるのはわかっていたけど、ロスを最小限にできるんだから、文句のない枠だったとは思うよ。

このレースに関しては何もかもうまくいったけど、その最初が枠順だったよね」

一方のライバル達はと言うと――。

皐月賞馬ドクタースパートは6枠16番。

NHK杯勝ち馬トーワトリプルが4枠10番。その隣の11番にサクラホクトオー。

1番人気に支持された関西馬ロングシンホニーが5枠14番。

ドクタースパート、サクラホクトオーは追い込み脚質ですから、極端に内でもなく外でもない枠というのは、この2頭にとっても悪い材料ではありませんでした。

ロングシンホニーも同様で、追い込み馬ではないにしても、先行策にこだわるタイプではなく、ある程度の位置で流れに乗れるという点では、満足できない枠、というほどではなかったでしょう。

先行力を生かしたいトーワトリプルにしても、皐月賞で逃げたマイネルムートが1枠2番に入ったことで、これを内に見ながら運べる4枠10番はレースがしやすそうに思えました。

逆に、ロスが生じやすい外目を引いた馬では、まずリアルバースデーが7枠20番。

後で菅原騎手に聞いたところでは、

「うーん、確かに思ってたより外にはなったけど、そんなに大きな不利になるとは思ってなかったかなあ。揉まれないところで折り合って競馬がしたかったから、むしろここならちょうどいい、くらいに前向きに考えていたよね」

と。

そしてサーペンアップは大外の8枠24番。

サーペンアップの場合、どうしても前に行って好位置を取りたい、という先行型ではありません。それでも、同じ追い込むにしても、1コーナーで23頭が前にいる状態での最後方と、距離のロスなく中団馬群に潜り込めるのとではレースプランが全然違ってくるでしょうから、先行タイプ同様に大外枠が不利であることに間違いはなく、その時点で「ノーチャンス」と言っていいくらいの、絶望的な状況を課せられたかのようでした。

◆祭典当日の高揚◆

26日の金曜日の午前中、関東圏には雨が降りましたが、午後からは晴れて、翌27日土曜日は終日のお天気。

そしてダービー当日も午前中から快晴。風も穏やかで、午後3時には気温が25度の夏日に。汗ばむくらいの陽気になります。まさに〝祭典〟にふさわしい、絶好の競馬日和に恵まれました。

入場者数は歴代２位（当時）の16万３８９１人。

バブル景気の真っただ中、新しい元号となって最初の日本ダービーはすなわち、来るべき新しい時代への夢や希望の象徴でもあり、そのことの実感が、ある種の異様な熱気に包まれた場内の雰囲気を生みだしていました。

熱の入り方と言うことなら、栗山牧場周辺も大変な力の入りようで、これは前述した新畑助手の強力プッシュとは関係なく、江戸崎町の有志が集まって現地で応援を、という話で盛り上がったそうです。


「いつも応援してくれている近所の知り合いとか、区長さんや役場の人。それに千葉の牧場関係の人達も招待して、バスを２台チャーターして競馬場に行ったんだ。

横断幕を作って、前もって成田山で必勝祈願してもらってね。８ｍ以上ある大きなものだった。それをレース当日のパドックにかけたんですよ。

その文面が、〝吹け、白い風〟ってウィナーズの名前の上に書いてあるの。とにかく、盛り上がってましたよ」

と道郎さんは当時の興奮を思い出しては、懐かし気に笑顔で話してくれました。

●＝第９戦＝

平成元年５月28日。第56回東京優駿（日本ダービー）、ＧⅠ（晴・良）
第３回東京競馬４日目第９レース、芝２４００ｍ、４７８kg。

注目の1番人気に支持されたのは、関東初見参のロングシンホニーでした。

多くのファンが悩みに悩み抜いた末の結論として、道悪だけで争われたクラシックロードとはまったく別路線組からの、文字通り最後の新手を支持したことになります。いや、というよりも、期待した、というのが本当のところだったでしょうか。

単勝オッズは６００円。

それは今更ながら〝主役不在〟を印象づける数字であり、大混戦、混迷のうちに迎えた戦国ダービーを前に、悩ましいファン心理がストレートに出たものでした。

◆レース追実況◆

スタート地点に立った24頭。しかし、レースの駆け引きは、ゲートが開く前から始まっていました。

仕掛けたのは田村正光＝サーペンアップ。取り立ててゲート入りを拒む様子はなかったのですが、他の23頭がゲートインした後、ゆったりと、時間をかけてゲートに歩を進めます。それはあからさまに焦らしているかのようでした。

通常、発走の際の基本的な手順として、奇数番から順次ゲートに入るよう定められています。大外枠の偶数番を引いて、たったひとつだけ与えられた利点を最大限に生かそうとした策だったのでしょうか。

一番最後にゲートに入ることが、はたして利点になるのかどうか。それは様々な意見、憶測のようなものがあると思いますが、筆者のすぐ隣の席で、リアルバースデーに◎を打っていた先輩記者が双眼鏡を覗きながら、

「何やってんだ田村。早く入れっ」

と焦れていましたから、見ている側の緊張感を高めたという意味で、よりレースを楽しませる効果があったことは確かです。

【スタートから1コーナーへ】

大きな歓声とともにスタート、全馬がほぼ同時にゲートを出ます。

いやサーペンアップだけが外にヨレ気味でモタつくように見えましたが、他の23頭は一斉にダッシュを利かせ、スタンド前の直線を内に切れ込むようにしながら１コーナーに殺到します。

その先陣争いを果敢に制したのがマイネルムートでした。休み明けの皐月賞で６枠13番からナル

シスノワールを抑えて逃げ、レースを引っ張った同馬にとっては、一転した1枠2番は願ってもない絶好枠だったに違いありません。距離の課題などお構いなし、の気迫でハナを取り切ります。スタートダッシュを利かせ、スピードを最大限に生かそうとする策でした。

ところが、早い段階で一頭だけで後続を離す形となって、1コーナーに入る前にペースダウン。後続とてダービーポジションを取る際に馬群が密集するのは想定しています。しかし加速がついて、〝さあこれからダービーポジションへ〟という手前でのペースダウンは想定外だったはず。

まず3枠8番という好枠だったはずのマイネルブレーブは行き脚がついたところで他馬に寄られて急ブレーキ。内枠が裏目に出る形で後方からのレースを強いられたのは大誤算でした。

7枠19番から好位を取りに行ったタニノジュニアスも1コーナー過ぎに他馬と接触してズルッと後退。ダービー初騎乗の武豊騎手には手厳しい洗礼となります。

ワンダーナルビー、アオミキャップといった折り合い面に課題を抱えた馬達も、ゴチャついた馬群に揉まれたことでリズムを崩してしまいます。

8枠23番のスピークリーズンなどは、スタート直後は無理のないよう様子を窺いながら進路を探りますが、密集した馬群を避けようとすると1コーナーで外へ振られることになり、余計にロスが大きくなることに。

ドクタースパートは最初からダービーポジション争いに加わることを避け、馬群の後ろから全体を見渡せる位置につけて機を窺う作戦。

外枠に入った馬の多くが、ドクタースパートが取ったのと同じようなレースプランにならざるを得ないとするなら、１コーナーを回り切ったくらいの早い段階で、ほとんどの馬からチャンスが遠のくことになります。

「〝ダービーポジション〟を取り切ることの重要性」とはまさに、このあたりのことを指すのです。

この時、ウィナーズサークルは実にスムーズに５番手で１コーナーに入ります。

「全然無理したところはなかったよね。力む感じもなかった。スタートだけは気をつけてはいたけど、特に何事もなく自然にあの位置が取れた」

と郷原騎手。

松山師は、

「皐月賞の時、初めて差す競馬になったから、スタート直後の行きっぷりがどうなるか、というのは多少気にはなっていたけど、互角に出てくれてスムーズに前に行けた。楽にあの位置が取れた時点で、これはうまくいくぞ、と思ったよね」

【2コーナーから向こう正面へ】

ハナを切ったマイネルムートは2コーナーを回る前にすでにマイペースか、という行きっぷりを見せます。向正面に入ってからも淡々としたペースを保ち、800m通過が49秒8、1000m通過62秒2という、レースレベルを考えると超のつくスローペースに持ち込みます。

この流れをトーワトリプルがガチッと2番手に控えてピッタリとマーク。待望の良馬場を得たサクラホクトオーが積極的にその直後。ダッシュを利かせてダービーポジションを取ったリアルバースデーも、折り合いに専念しつつ2コーナーを回り切る巧みなレース運びで追走。中団から早目に脚を使ったタマモベイジュ、ニシノサムタイムも馬群から抜けて好位グループに上がってきます。

ロングシンホニーはウィナーズと前後する位置へ。2枠4番の好枠からスムーズにダービーポジションを取ったオースミシャダイが着かず離れず好位勢の直後。ロンドンボーイは中団より少し後ろから前を窺い、マイネルブレーブ、ドクタースパートがその後ろ。

ここまででザッと前から15~16番手くらい。全出走馬の約半数になります。

ペースが超スローだけに、予想以上に後方からの組には厳しい展開になりましたが、サーペンアップは向正面に入っても最後方グループ。その他の馬にも特別な動きはなく、中団以降の位置取りは4コーナー手前までほとんど変わることなく進みます。

向正面でのウィナーズサークルは周囲の動きに惑わされることなくマイペース。少し位置は下がることになりましたが、ピタッと折り合いはついて、まったく動じることはありません。

「あのあたりが名手なんだろうね。自分のリズム重視で慌てない。それでいて前が塞がったり、包まれるようなところがまったくないんだ。これは3コーナーから4コーナーにかけてもそうでしたよね」

と松山師。


【勝負どころの攻防】


最初に動いて出たのは2番手のトーワトリプルでした。

3コーナー過ぎにマイネルムートに並びかけ、連れてリアルバースデー、ロングシンホニーが続きます。この2頭はかなり厳しいマークでトーワを追いかけ、4コーナーでは並びかけようか、という勢い。

後続も3コーナー過ぎを勝負どころと判断して活発な仕掛けを見せますが、ペースが上がったタイミングではなかなか前との差は詰まりません。

この重要な局面で、更に控えるような格好になったのがウィナーズサークルでした。

先行勢の動きをジッと我慢して追走していましたが、そこへタマモベイジュ、オースミシャダイが動いて前に出られてしまいます。

が、松山師が言うように、包まれるところは一切なく、スムーズに好位勢の直後で自分のリズムを守ります。

郷原騎手も、

「他馬が動いても慌てることはなかったけど、包まれたりするのは後が厄介だから、やっぱり気を使うよね。だけどあの時は、行くところ行くところ前が開くの。4コーナーの手前で少しポジションを上げておきたいな、と思ったところでも、まったく遮られるようなところがなかった。あんなにうまくいくことはないと思うよ」

勝利への手応えを最初に感じたのは、この地点だったかもしれません。

【直線の叩き合いへ】

そうしてトーワトリプルが馬群を引き連れて直線に向かうと、大歓声はやがて地鳴りのような響きとなって場内を包み込みます。

「凄い声援だったなあ。直線に入る前…3コーナーくらいから「何の音だ?」というくらいで、

〝ゴーッ〟て。本当に地響きみたいだった。

直線に向いたら、それはもう大変でしたよ」

と言うのは馬主席で応援していた道郎さんです。


4コーナーを回るまで懸命に頑張ったマイネルムートでしたが、直線を向いてトーワトリプルが一気に捉えに出ます。その仕掛けを待っていたかのようにリアルバースデーが外から先頭を窺い、その更に外から動いて出たのがロングシンホニー。しかしリアルとは対照的に、こちらは懸命に鞍上の手が動きますが、なかなか反応し切れません。

直線残り2ハロンで先に抜け出したリアルバースデーと、外目でモタつき加減のロングシンホニー。


そのちょうど間を突いたのがウィナーズサークルでした。

「直線もごく自然に前が開いたんだ。何も迷うところがなく、そこを突くことができたんだよね」

と郷原騎手が回顧する一本道こそ、正真正銘の〝チャンピオンロード〟でした。

鞍上のゴーサインに瞬時に反応したウィナーズサークルは、坂下でリアルバースデーを捉えると、自身の馬体が前に出てからも脚色衰えることなく駆け抜けます。

交わされた後も懸命に食い下がり、あわよくば差し返そうかという粘り腰を見せるリアルバースデー。

菅原騎手は、

「仕掛けが早過ぎたということはなかったと思う。ウィナーズサークルに前に出られた後も手応えはあったからね」

直線坂下で思うように反応できないロングシンホニー。そのすぐ後ろへ、マイネルブレーブ、サクラホクトオーらの追い込み勢が迫りますが、ドクタースパート、ロンドンボーイらともども、もがくようにして脚を使えません。

それらを一気に交わしてサーペンアップが大外から襲いかかります。

スローペースの最後方でなかなか動けずにいましたが、直線で外目に出して、馬群がバラけてから進路を確保すると、突然エンジンが点火したように加速。

坂を上がってからの勢いは、まとめて前の2頭を飲み込んでしまうのでは、と思わせるものがありました。

【奇跡のゴールへ】

残り100mを切って、内にリアルバースデー、中にウィナーズサークル、外のサーペンアップの馬体が合います。

しかし、ひとまず叩き合いの末に内のリアルバースデーを封じ込んだウィナーズサークルには、十分な余力が残っていました。外から伸びるサーペンアップは目に入らないかのように、ゴールではむしろ手綱を抑えているかのよう。

「あの馬の場合は相手云々ではなかったからね。内のリアルバースデーが意外に渋太かったけど、あれを交わした後にしっかり伸びてからは、負ける、という気はしなかった。最後までちゃんと走らせれば何とかなる、というのかな」

と郷原騎手は振り返ります。

実際、ゴールした瞬間を捉えた写真では、内のリアルバースデーの菅原騎手、外のサーペンアップの田村騎手の姿勢がいっぱいいっぱいであるのに対し、ウィナーズサークルの郷原騎手は持ったままでフィニッシュしているかに映っています。

そうして２分28秒８の激闘が終わります。

昭和61年に日本で生産されたサラブレッドは７３０１頭。その頂点に立ったウィナーズサークル。史上初の芦毛、史上初の茨城産。２つの奇跡を成し遂げた日本ダービー馬誕生の瞬間でした。

4 それぞれのダービー

◆戦い終えて◆

「まずスタート直後にいいポジションが取れて、1コーナーをスムーズに回れましたよね。スローペースに落ち着いた向正面では、他の馬が折り合いに苦労しているのに、こっちはピタッと折り合えたのは大きかった。

ただ3コーナー手前で他が動いたところでも、まったく動じなかったのはジョッキーの胆力だったんじゃないかな。そこで位置取りが下がった時には、さすがにチラッと不安も感じたけど。でも、3コーナーを回るところから4コーナー手前までズッと前が開いていて、直線もまったく塞がるようなところがなく、ロスなくまっすぐに進路が取れた。うまくいく時には何もかもうまくいくものだけど、あそこまで何もかもうまくいくことなんて、滅多にないんじゃないだろうか。ダービーは強運な馬が勝つと言われているけど、こういうことかと改めて思わされましたよ」

と松山師は振り返ります。

スタンドの馬主エリアで観戦していた道郎さんはと言うと、

「あんなに大きな声を出したのは、後にも先にも、あの時だけ。

ダービーのゴール前（写真・競馬ブック）

直線坂下から上がってきてゴールに向かうところね。我ながらどれだけ声が出るんだろう、と思うほどだった。

でも一方で、坂を上がり切ってからだけど、「あ、これは勝った、口取りに行かないと」と思ったような冷静な自分もいたんだよね。着差が僅かだったことを考えると、あれは何だったんだろう。不思議な感じだったなあ。口取りの前にオヤジと、兄貴と、黙って握手した。

夢が叶った、というよりも、何と言うか、長く続けてきて、苦労してきて、最高の結果が出せた、という満足感と言うか、感慨深いものがありましたね」と懐かしい様子で語ります。

逆に2着に敗れた菅原泰夫騎手は、今も首をひねりながら、熱い口ぶりで生々しくレースを振り返ります。

「スタートからゴールまで一部始終覚えてますよ。本当に自分が思い描いていた通りに乗れたし、馬も頑張ってくれた。それなのに負けてしまった。

先生（佐藤林次郎調教師）は、「よくやってくれた」って言ってくださったんだけど、自分は負けたことにどうしても納得できなかった。最高の競馬だった。あとでレース映像を見たら、確かに郷原さんも最高に巧く乗ってるんだけどね。枠の差？　それは自分としてはあまり関係がないんだ。あの競馬で負けてしまうのか、と。

その日の夜は眠れなかったね。寝ようとしてもすぐに目が覚めて、何で負けたんだろう、と。冗談と思われるかもしれないけど、30年以上経った今でもそうなんだ。夜寝ていて突然目が覚めて、あれはどうしてだったんだろう、と思う時があるんだよ」

当時まだ3人しかいなかったクラシック五冠ジョッキーの執念、ならではのエピソードなのでしょうか。

3着に敗れたサーペンアップの田村正光騎手。

ダービーの翌週。美浦トレセンの北馬場で、調教を終えて引き上げようとする彼をつかまえて声をかけました。

「凄いレースを見せてもらいました。ありがとうございました」

と。

するといつもの煙に巻くような調子ではなく、うつむき加減に、自嘲気味にこう答えてくれました。

「凄いレースを見せることができても、勝てなきゃダメなんだよな」

と。

返す言葉はありませんでした。

そしてライバルからも〝確かに最高に巧く乗っている〟と評された勝利ジョッキーの郷原騎手。

「ゴールした時に、やっと、ですよ。〝あぁ、ようやく力を出し切ってくれた〟と思えたのは。だからやっぱり、どこかでウィナーズサークルのことを信じ切れてなかったんだろうね。最終の調教が終わって、やることは全部やったから、と思っていたんだけど」

郷原騎手はこの勝利がダービー2勝目。

「オペックホース（昭和55年第47代ダービー馬）の時は、ライバルのモンテプリンスが強いのはわかっていたし、直線で馬体が合って、これはチャンスがあるぞ、と思ってからは、もうひたすら負けられないという思いで、ただがむしゃらに追ってた。

でも今回はそうではなくて、普通に走らせてやれば勝てる、くらい気持ちに余裕があったんだ。だからゴール前も詰め寄られたけど、負ける感じはしなかったよね」

当時45歳。

数々の修羅場をくぐって到達した、熟練の名人ならではの境地でした。

◆激闘の果ての暗雲◆

表彰式を終えて、東京競馬場内でひと通りの取材が終わって美浦トレセンに戻ったのが夜8時近く。そこにもテレビのニュース番組や、新聞社のカメラマン、記者が詰めかけ、遅くまで賑わいます。

そのひとつひとつに丁寧に応じた松山師。

ダービー制覇は昭和58年のミスターシービー以来、2度目のことでしたが、改めてダービーを勝ったんだ、という実感が沸いたところでした。

そうして、ウィナーズサークルを労うべく、誰もいなくなって静かになった厩舎の馬房の中を覗きます。

ウィナーズサークルが〝ウィナーズサークル〟に凱旋（撮影・米山邦雄氏）

「いつもなら馬房を覗くと、甘えるみたいにこっちに近づいてくるんだけど、この時はそういう動きが一切なかった。馬房の隅っこで、ジーッとしてたんだ。

おや、おかしいな、とは思いましたよ。

でも何しろダービーで目一杯走った後でしたからね。どこがどうおかしい、というのはなかったし、その時点では、さすがにいつになく疲れが出たんだな、くらいにしか思わなかった。

後になって思えば、もうあの時に前兆があったのかもしれないね」

歓喜のダービー制覇の当夜、松山師が感じた予兆が表面に出てくるのは、秋が深まってからのことになります。

1000m通過62秒2の超スローですから、全体の時計が2分28秒8という平凡なものになるのは、

サ　ラ　4　才

3回東京第4日9Ｒ　　第56回 東京優駿(GI)　(ダービー)　(芝左2400米　24頭

5月28日　晴・良　　4才,オープン牡57K牝55K

賞金①103,000,000②41,000,000③26,000,000④15,000,000⑤10,300,000円

附加賞　6,351,100円 1,814,600円　907,300円　　レコード2.26.3

予想	枠番	馬番	馬名	性年	斤量	騎手	タイム	着差	通過順位	上り	単勝票数	単人気	単勝オッズ	複勝票数	馬体重	増減	厩舎
△	1	3	ウィナーズサークル	牡4	57	郷原	2.28.8		5-8-8-7	36.5	1200030	③	7.3	770483	478	-4	松山康
◎	7	20	リアルバースデー	牡4	57	菅原泰	28.9	½	3-4-4-3	36.9	621302	⑥	14.0	355655	460	0	佐藤林
×	8	24	サーペンアップ	牡4	57	田村	〃	ハナ	24-21-21-19	35.9	376072	⑪	23.1	235054	520	+2	梶与四
×	4	10	トーワトリプル	牡4	57	増沢	29.3	2½	2-2-1-1	37.6	559938	⑧	15.5	314198	494	+2	柄崎孝
▲	5	14	ロングシンホニー	牡4	57	河内	29.4	½	7-8-4-5	37.3	1442776	①	6.0	702115	458	+4	小林稔
	6	17	ロードリーナイト	牡4	57	横山典	〃	ハナ	23-21-19-19	36.8	118617	㉑	73.0	82689	488	-2	石栗
○	3	8	マイネルブレーブ	牡4	57	柴田人	29.7	1¾	14-11-16-13	37.3	1425177	②	6.1	659860	480	0	中村広
	8	23	スピークリーズン	牡4	57	大崎	30.0	1¾	10-3-6-5	37.8	231404	⑱	37.4	152561	436	+2	尾形充
	4	11	(市)サクラホクトオー	牡4	57	小島太	30.2	1¼	3-7-8-7	38.0	882641	⑤	9.9	322141	440	0	境勝
×	7	19	タニノジュニアス	牡4	57	武豊	30.4	1¼	7-11-16-19	37.7	563612	⑦	15.4	338444	462	-6	古川
	8	22	リュウカムイ	牡4	57	田中清	〃	アタマ	22-21-19-16	37.7	40036	㉔	216.2	38673	450	-2	今津
	2	4	オースミシャダイ	牡4	57	松永昌	〃	アタマ	5-8-8-7	38.1	259582	⑯	33.4	149174	458	0	武邦
	2	6	(抽)ワンダーナルビー	牡4	57	加藤	30.5	½	14-17-16-16	37.9	553941	⑨	15.7	386858	478	+6	久恒
×	6	16	(地)ドクタースパート	牡4	57	的場	〃	アタマ	14-18-11-7	38.2	998582	④	8.7	571193	426	-8	柄崎孝
	5	13	ルーミナススマイル	牡4	57	安田富	30.7	¾	12-11-13-16	38.3	311190	⑭	27.9	193766	486	-2	尾形充
	1	1	サクラソウルオー	牡4	57	坂井	30.8	½	9-19-24-22	37.5	67905	㉓	127.5	48635	458	+4	内藤一
	2	5	サツキオアシス	牡4	57	横山雄	31.1	1¾	14-19-23-22	38.0	244285	⑰	35.5	164203	548	-2	谷
	1	2	マイネルムート	牡4	57	蛯沢	〃	アタマ	1-1-1-1	39.5	102443	㉒	84.5	87144	496	-6	栗田
	5	15	(市)(地)アオミキャップ	牡4	57	田島良	31.3	1	12-11-11-13	38.5	260570	⑮	33.3	144218	488	0	谷
×	3	9	トリックスター	牡4	57	中舘	〃	ハナ	14-21-21-22	38.3	315313	⑬	27.5	173146	474	0	松山康
	7	21	ニシノサムタイム	牡4	57	南井	〃	クビ	21-4-6-7	39.1	124265	⑳	69.7	104439	432	+4	長浜
	3	7	ロンドンボーイ	牡4	57	柴田善	31.4	½	11-11-13-7	38.5	481681	⑩	18.0	277823	446	-4	藤澤
	4	12	タマモベイジュ	牡4	57	田原	31.8	2½	14-4-3-3	39.8	364041	⑫	23.8	178126	488	+10	小原
	6	18	ゴーゴーギング	牡4	57	竹原	32.0	1¼	14-11-13-13	39.5	179537	⑲	48.2	127520	484	-10	松山康
								計			11724940			6578118			

連複1-7　1810円　9人気　単730円　複250円　440円　620円

ハロン12.40　上り49.6−37.2　ペースM　決手　1着馬 追伸良　2着馬 好位伸

	600米	800米	1000米	1200米	1400米	1600米	1800米	2000米	2200米
通過タイム	37.0	49.8	1.02.2	1.14.6	1.26.9	1.39.2	1.51.6	2.04.2	2.16.4

ラップタイム　12.5−11.3−13.2−12.8−12.4−12.4−12.3−12.3−12.4−12.6−12.2−12.4

S　前　2.10(11.20)(3.4)(14.19)1.23.7(13.15)(5.6.8.9.12.16.18)21.22.17.24

2　角　2.10.23(20.12.21)11(3.4.14)(7.13.8.18.19.15)6.16−(1.5)(24.9.22.17)

向正面　2.10.11(23.20)(12.14)21.4(3.7.13.19)(16.15)(6.18)8.22(5.17)9.1.24

3　角　(2.10)12(20.14)(23.21)(3.4.11)(15.16)(7.13.18)(6.19.8)(22.17)(24.9)5.1

4　角　(2.10)(20.12)(23.14)(7.3.4.11.21.16)(18.15.8)(22.13.6)(24.19.17)(5.1.9)

いたしかたないところ。ただ、そのうえ上がりも4ハロン49秒6、3ハロンが37秒2では、いかにも物足りなく感じられるのも確か。

レース結果についての、この程度の簡単な分析ですらも、後年になって平成元年世代のレベルが疑問視される要因になったわけです。


〝祭典〟の結果を、冷たく突き放したように透徹した論理を用いて分析するのは、不粋で野暮、にも感じるのですが、ダービーとてひとつのレースに過ぎない、という意見が存在するのも事実。

というわけで、こまかい考察は抜きに、敢えて記しておくことにした次第。

「大混戦」はすなわち確たる主役不在。

「群雄割拠」はカリスマ的支配者の消失。

「混沌」は無秩序そのもの。

この流れは秋になっても続き、世代のレベル云々の評価に関して言うなら、菊花賞が終わった後に、決定的なものになってしまいます。


勿論、ダービーが終わった当日の時点では、そのようなことになるとは誰一人思ってはいません。

それは前述したダービーの日の夜、ちょっとした悪い予感を抱いた松山師ですら同じでした。

第7章

晩秋の失意

1 覚醒するライバル達

◆夏を越して◆

ダービーが終わると、ウィナーズサークルは秋を目指して夏場の休養のため、栗山牧場に帰ってきます。レースの夜、疲労が著しいと感じた陣営は、福島のＪＲＡ競走馬総合研究所常磐支所（現・競走馬リハビリテーションセンター）、いわゆる〝いわきの馬の温泉〟での温泉療法を取り入れることも検討しますが、すぐに快方に向かったため、生まれ故郷でひと夏を過ごすことにしたのです。

「あの年は暑かったけど、うまく夏を越せたと思ったんですよ。骨膜がモヤモヤしてる感じはありましたが、普段の動きを見る限りなんともなかったし、しっかりチェックしながら調整できていましたからね。

ミスターシービーの時と同じで、秋に一戦して菊花賞、のイメージでした」

松山師の言葉通りに8月上旬には美浦に帰厩して、順調に調整が進められます。9月末の神戸新聞杯、セントライト記念はスキップする形で栗東に入厩。前哨戦として10月15日の京都新聞杯を目指すことになります。

神戸新聞杯とセントライト記念。この9月24日に同時に行われた重賞では、前者で新たなライバルが名乗りを挙げ、後者では実力馬が華々しい復活劇を遂げます。

◆神戸新聞杯とセントライト記念◆

菊花賞が現在の10月でなく、11月に行われていた当時（昭和26年〜平成12年）、秋のステップレースとして9月の神戸新聞杯から京都新聞杯、そして本番へ、というローテーションと、関東勢はセントライト記念から京都新聞杯を使って、という、それぞれ秋3戦目が本番になるローテーションが主流でした。

平成元年当時は、両レースとも菊花賞トライアルの指定を受けておらず、その意味では菊花賞への本当に試金石的な位置づけでしたが、この年の神戸新聞杯には強烈な2頭が登場することになります。

《第37回神戸新聞杯・GⅡ》レースメモ
平成元年９月24日、阪神芝２０００ｍ（晴・良）
単勝１・９倍の１番人気に支持されたのがオサイチジョージ。デビュー戦で２着に敗れた後、３戦目となった新馬戦で初勝利。その後、脚部不安（爪）のため春のクラシックを断念。休養を挟んだあずさ賞、続く葵Sと3連勝を飾り、ニュージーランドT3着後、中日スポーツ賞4歳Sで単枠指定されたロングシンホニーを破って重賞初制覇。
神戸新聞杯では自身が単枠指定され、好位から実にアッサリと抜け出して、余力を残したまま2着に3馬身半差の圧勝。

オサイチジョージは翌平成2年の宝塚記念で、オグリキャップを破ることになる実力馬です。その後、京都新聞杯2着を経て菊花賞に挑戦して12着。その結果を経て中距離路線を歩んだ結果のGI制覇でした。

2着バンブービギンは父がダービー馬バンブーアトラス。デビューは前年の11月で、なかなか勝てないまま2月の未勝利戦後に管骨を骨折。初勝利はデビューから7戦目、NHK杯、京都4歳特別が終わった5月13日でした。ところが、そこから破竹の3連勝。約2カ月半の間隔を開けて、16kg増の馬体で臨んだのが神戸新聞杯でした。この日の結果は完敗の形でしたが、確かな手応えを得て、次のトライアルに駒を進めることになります。

《第43回セントライト記念・GⅡ》レースメモ

平成元年9月24日、中山芝2200m（晴・稍重）

春は不本意な結果に終わったサクラホクトオーが復権を賭けて臨んだレース。稍重の馬場で3番人気に甘んじたものの、9頭立ての後方から外を回って力強く脚を伸ばし、逃げるボストンキコウシら先行勢を捉え、内目で食い下がる2着スダビートに1馬身差をつける完勝。

1番人気に支持されたリアルバースデーは好位を無理なく追走するが、直線は思いのほか動けず5着に終わった。

最優秀3歳牡馬に選出されたサクラホクトオーが、朝日杯以来となる重賞制覇。改めて菊花賞に名乗りを挙げます。

春は弥生賞、皐月賞と不良馬場。そのダメージが抜け切れずにダービーを迎えて敗れただけに、稍重の馬場には一抹の不安もありましたが、そんなことはお構いなしの大外一気を決め、完全復活を印象づけます。

一方、ダービー2着リアルバースデーは8kgの馬体減が応えたのか、もともと叩き良化型ということもあってか、絶好位から動けず終いで失速。明暗を分ける形で秋緒戦を終えました。

2 秋2戦の激闘

◆復帰戦の敗北◆

東西それぞれの主要ステップレースを見届けて、ダービー馬ウィナーズサークルが菊花賞への最終トライアル、京都新聞杯に姿を見せます。

ダービー馬の秋緒戦。当然、ウィナーズサークルに注目は集まりますが、そこへ神戸新聞杯の1、2着馬が揃って参戦を表明。

更に弥生賞圧勝後、蹄を傷めて休養に入っていたレインボーアンバーがここで戦列に戻ってきます。当初、セントライト記念から菊花賞へ、の復帰プランを立てていましたが、回復が思いのほか遅れたことで、京都新聞杯からの始動に切り替えたのです。

実はウィナーズサークルもセントライト記念の1週前登録がありましたがこれを回避。京都新聞杯からの始動になりました。

松山師は言います。

「セントライト記念にも一応登録はしましたが、ミスターシービーと同じようなイメージでいたから、初めから秋緒戦は京都新聞杯、という気持ちでした。

8月に栗山牧場から帰厩しましたが、あの年は暑い夏だったものだから、特に何か問題があってというのではなく、ジックリ仕上げようと。美浦で順調に乗り込んで、セントライト記念の翌週に（9月29日）に栗東に移動したんです。脚元の方もその時点では気にならなかったですね。

馬体も気性もひと回り成長した感じでしたし、栗東に入ってからも、当初イラつくようなところはありましたが、すぐに慣れて順調に調整することができました。

ただ、タイプとして使いつつ良くなっていくようなところはありましたから、その点がどうかとは思ってました。京都の外回りの２２００ｍは条件的にいいと思ったし、楽しみにはしてましたが」

こうしてダービー馬の関西緒戦となった菊花賞トライアル京都新聞杯は、「春の勢力VS新勢力」の構図が鮮明となり、ますます注目度はアップすることになりました。

●＝第10戦＝
平成元年10月15日。第37回京都新聞杯、GⅡ（晴・良）
第４回京都競馬４日目第11レース、芝２２００ｍ、４８０kg。

ウィナーズサークル、オサイチジョージの2頭が単枠指定され、当日はオサイチジョージが1・8倍の1番人気、ウィナーズサークルは4・8倍の2番人気、という前評価になったのは、順調

サ　ラ　4　才

4回京都第4日11R　　第37回 京都新聞杯(GII)　　芝右外2200米　15頭
(単枠指定競走・菊花賞トライアル)

10月15日　晴・良　　4才,オープン牡57K牝55K

賞金①44,000,000②18,000,000③11,000,000④6,600,000⑤4,400,000円
附加賞　127,400円　36,400円　18,200円　　レコード2.12.9

予想	連番	馬番	馬名	性年	斤量	騎手	タイム	着差	通過順位	上り	単勝票数	単人気	単勝オッズ	複勝票数	馬体重	増減	厩舎
△	4	6	バンブービギン	牡4	57	南井	2.13.4		11-10-11-8	35.2	119596	⑤	11.2	141091	490	−4	布施
◎	1	1	オサイチジョージ	牡4	57	丸山	13.6	1¼	10-10-11-8	35.4	748078	①	1.8	466888	480	+8	土門一
▲	3	4	リアルバースデー	牡4	57	菅原泰	13.7	クビ	3-3-4-5	35.8	115130	⑥	11.6	131495	454	+2	佐藤林
○	8	15	ウィナーズサークル	牡4	57	郷原	13.8	½	5-5-4-1	36.0	279894	②	4.8	199702	480	+2	松山康
	3	5	レインボーアンバー	牡4	57	加用	〃	クビ	5-5-6-5	35.8	35570	⑨	37.6	28263	494	−6	鈴木勝
×	6	11	スピークリーズン	牡4	57	村本	14.0	1¼	9-8-6-1	36.1	126214	④	10.6	94241	444	+2	尾形充
	5	8	サツキオアシス	牡4	57	田原	14.2	1¼	15-15-15-15	35.5	62654	⑧	21.4	59618	556	+8	谷
×	7	14	ロングシンホニー	牡4	57	河内	〃	ハナ	3-3-2-1	36.5	88427	⑦	15.1	71117	472	+22	小林稔
	2	3	ミスターアロマック	牡4	57	田島良	〃	ハナ	13-13-14-14	35.7	18571	⑫	71.9	27272	462	−2	長浜
	2	2	コンバットビック	牡4	57	菊川	15.0	5	14-13-11-8	36.7	11668	⑭	114.4	18187	470	−8	尾形充
×	5	9	マルセイグレート	牡4	57	武豊	〃	ハナ	1-1-1-1	37.3	131555	③	10.2	103766	470	+6	伊藤修
	6	10	㊒ポーカーフェイス	牡4	57	岡	〃	アタマ	5-8-6-8	36.9	8461	⑮	157.8	11855	476	+6	安藤
	7	12	ケージーエース	牡4	57	石橋	15.3	2	5-5-6-8	37.1	13849	⑬	96.4	19120	448	+2	境直
	7	13	㊒ドウカンホープ	牡4	57	松永幹	15.4	½	2-2-2-8	37.3	25388	⑩	52.6	32344	440	+6	鹿戸明
	4	7	ゴーゴーキング	牡4	57	竹原	15.6	1	11-10-6-5	37.7	23595	⑪	56.6	23059	484	0	松山康
							計				1808650			1428018			

連複①-④620円　2人気　単1120円　複200円　120円　210円

ハロン12.13　上り47.8−35.7　ペースM　決手　1着馬 決手鋭　2着馬 直鋭く

600米　800米　1000米　1200米　1400米　1600米　1800米　2000米
通過タイム　36.3−48.4−1:00.7−1.13.2−1.25.6−1.37.7−1.49.7−2.01.5
ラップタイム　12.9−11.2−12.2−12.1−12.3−12.5−12.4−12.1−12.0−11.8−11.9

①⑮単枠指定馬

S　前　9.13(4.14)(5.10.12.15)11.1(6.7)3.2−8
2　角　9.13(4.14)(5.12.15)(10.11)(1.6.7)(3.2)−8
向正面　9.13(4.14)5(12.15)(10.11)7.1.2.6.3=8
3　角　9(13.14)(4.15)(10.5.11.12.7)(1.6.2)3−8
4　角　(9.14.15.11)(4.5.7)(10.13.1.6.12.2)3.8

に使い込まれてきたオサイチの近況が、休み明けのウィナーズのそれを上回っていたからでしょうか。オサイチが最内の1枠1番、ウィナーズが大外の8枠15番、という枠順の差があったからかもしれません。

7月2日に行われた中日スポーツ賞4歳Ｓクビ差2着のマルセイグレート＝武豊騎手が果敢にハナを奪って１０００ｍ60秒7。比較的落ち着いたラップを刻みます。中日スポーツ賞ではオサイチジョージを苦しめましたが、この日はリアルバースデー、ウィナーズサークルら直後を進んだ馬達のプレッシャーが厳しく、さすがに直線入り口で一杯に。替わって早目に先頭に立つことになるウィナーズサークルでしたが、そこへ内から馬群を縫うように叩き出されてきたのがオサイチジョージでした。更に外目からはバンブービギンが襲いかかります。

ラチ沿いで頑張るリアルバースデー、レインボーアンバーらを交わしたオサイチジョージでしたが、馬群の一番外からまとめてバンブービギンが、まさに豪快に差し切って1馬身１／４差をつけてフィニッシュ。重賞初制覇を遂げるとともに、本番への大きな手応えを感じさせた瞬間でした。

ウィナーズサークルはコンマ4秒差の4着。

松山師

「先に動いて目標になるようなところがありましたからね。何しろ休み明けでしたしショックはありませんでした。それどころか、ミスターシービーも京都新聞杯は4着だったので、これは吉兆なんじゃないか、と切り替えてましたね」

郷原騎手

「前半行きたがっていたからね。何とか折り合えたけど、結果的に少し早目に先頭に立たされることになってしまったから。あの時は展開のアヤがあったと思うな」


レースを振り返る2人に敗れた悲壮感はありませんでした。

実際、先頭に立った後、内外から交わされて馬群に沈むのではなく、ゴール前ではもうひと頑張りする姿が見られました。

休み明け、外枠、展開。

これらを明確な敗因として捉えていた陣営に、この時点で悲観するところがなかったのもうなづけました。

◆未完の大器の覚醒予兆◆

さて、京都新聞杯の上位馬が、それぞれに手応えを得て本番に向かおうとする中、もう一頭、覚醒の予感を感じさせた馬がいました。5着のレインボーアンバーです。

弥生賞で大差勝ちを演じ、クラシック候補の筆頭クラスに躍り出ながら、蹄の不安で長い休養を余儀なくされ、セントライト記念も思うような調整ができずに直前に回避。京都新聞杯も栗東に入って調整されましたが、特に目立った動き、時計は出しておらず、長めからしっかり追われたのもレースの週の1本だけ。正直なところ手探り状態での出走だったはず。いや、「はず」ではなく、それは陣営も認めていることでした。

その馬が、好位の内で流れに乗り、早目の仕掛けについて行って、ゴール前まで食い下がっての0秒4差です。本番に向けて、逆に今度は反動が気になるところですが、やはり心情としてトーンアップするのは無理はありません。

春の時点で、そう弥生賞が終わった直後に鈴木勝太郎調教師が言ったものです。

「この馬の一番いいところは内臓面のタフネスさにあるんだ。その点で言えば、ハイセイコー以上だと思う」

自らが手掛けた国民的アイドルホースの元祖を引き合いに出し、クラシックを走る前の現役の管理馬に最高レベルの評価を与えていたのです。

普段の北馬場での調教の際、馬場入り前に角馬場を軽く周回するのですが、そこでもう時計になっているのではないか、と思えるほどのスピード感がありました。

そのことを向けると、

「ああ、それは完歩がケタ違いに大きいから。コースで普通に乗っていても15―15（調教で計時する200m15秒平均のラップ）くらいのところになってしまうんだよ。だからオーバーワークとかじゃなくて、あれがこの馬の当たり前の走りなんだ」

美浦でこの馬に調教をつけていたのは、藤原敏文厩舎に所属していた桑島孝明調教助手でした（当時はこのようなケースがあったのです）。彼にも、その角馬場のことを向けたことがあります。

その時の答えがこちら。

「そう、なにしろフットワークが大きくてダイナミックなの。飛んでいくみたいに。それがまったくの馬ナリなんだよね。あんな馬はそんなにいないさ」

なかなか結果が出せない、でも相当な器を秘めた馬達、というのは、恐らくたくさんたくさんいるのでしょう。もしかすると、レインボーアンバーもそんなタイプになるのかもしれません。

ただ、そのタイプの多くは、様々な事情で結果を出せないまま姿を消すことになりますが、特筆すべき大物だったレインボーアンバーはちょっとだけ違っていました。その片鱗を、一度だけ大舞台で覗かせて見せるのです。

◆想定外の大敗◆

●＝第11戦＝
平成元年11月５日。第50回菊花賞、ＧⅠ（晴・良）
第５回京都競馬２日目第10レース、芝３０００ｍ、４９６kg。

ダービー組の上位馬では３着サーペンアップ、４着トーワトリプル、６着ロードドリーナイト、７着マイネルブレーブの姿がありませんでしたが、京都新聞杯は上位８頭すべてが顔を揃え、フルゲートの18頭が集結。

快晴、11月だというのに少し汗ばむくらいの好天に恵まれた京都競馬場には、14年ぶりとなる10万人を超える（10万２４６２人）来場者が詰めかけました。

１番人気はバンブービギン。夏を越した最大の上がり馬として期待を集め、２番人気にウィナーズサークル。３番人気オサイチジョージ、そして4番人気にレインボーアンバーと続きました。

レースは大方の予想通りに流れます。

マルセイグレート＝武豊騎手が逃げて１０００ｍ63秒１。次の１０００ｍが65秒０ですから、ダービー同様に超のつくスローと言っていいでしょう。そして最後の１０００ｍは59秒６。レースの上がり３ハロン（６００ｍ）が35秒０という瞬発力勝負になります。

マルセイグレート以下の位置取りも2番手にレインボーアンバー、リアルバースデーがその後ろ、というのは想定通りでしたが、驚かされたのは好発を切ったバンブービギンの積極策。好枠を最大限に生かす形で好位につけ、これに連れるようにオサイチジョージも前に出ます。ウィナーズサークルは外枠でしたが、この2頭の後ろから、というのは想定していませんでした。

直線を向いてレインボーアンバーがジワッと先頭に並びかけますが、ほぼ同じタイミングで追い出されたのがバンブービギンでした。これまでのレースぶりからは少し仕掛けが早いかと思われるくらいでしたが、外を回って一気に抜け出すとゴールでは1馬身半差をつけていました。

バンブービギンが使った上がり３ハロンは34秒7。

いわゆる「スローの瞬発力勝負」を制した勝利と言えますが、持ち味を最大限に発揮した好騎乗の南井克己騎手は、デビュー18年目にして初めてのクラシック制覇。その5年後に、ナリタブライアンで3冠を達成することになります。

バンブービギンの父バンブーアトラスは昭和57年のダービー馬ですが、菊花賞を目前にして骨折による戦線離脱、引退。バンブービギンは父の無念を見事に晴らすことになりました。

スローペースに乗って、自分から逃げる馬を捉まえに出たレインボーアンバーは、バンブービギンには交わされますが、外から追いすがったリアルバースデーの末脚を封じて2着に頑張り通します。正直なところ完成にはほど遠い状態だったと思われますが、その能力の一端は確実に見せました。

3着に敗れたリアルバースデーの菅原騎手は、

「勝ち馬とほぼ同じところにいて、相手と同じタイミングで仕掛けてアッと言う間に引き離されてしまった。決め手の差だね。あの馬の場合、結局、引退するまでそれがついて回ったよね」

と振り返ります。

そしてウィナーズサークルは10着。1秒以上離されての敗戦は、デビュー戦以来2度目のこと。16kg増、スローペースに行きたがる素振り、と様々な要因は考えられましたが、郷原騎手はこう振り返ります。

サ　ラ　4　才

5回京都第2日10R　第50回　菊　花　賞(GI)　(芝)右外3000米　18頭

11月5日　晴・良　4才,オープン牡57K牝55K

賞金①93,000,000②37,000,000③23,000,000④14,000,000⑤9,300,000円

附加賞 6,566,700円 1,876,200円　938,100円　レコード3.05.4

予想	連番	馬番	馬名	性年	斤量	騎手	タイム	着差	通過順位	上り	単勝票数	単人気	単勝オッズ	複勝票数	馬体重	増減	厩舎
○	3	5	バンブービギン	牡4	57	南井	3.07.7		6-4-3-3	34.7	1697799	①	3.8	958461	490	0	布施
▲	2	3	レインボーアンバー	牡4	57	加用	07.9	1½	2-2-2-1	35.1	721935	④	8.8	386860	504	+10	鈴木勝
△	4	8	リアルバースデー	牡4	57	菅原泰	08.0	¾	5-4-6-6	35.0	701186	⑤	9.1	506435	458	+4	佐藤林
	1	1	マルセイグレート	牡4	57	武豊	08.1	クビ	1-1-1-1	35.4	266188	⑩	23.8	196690	468	-2	伊藤修
×	8	18	(市)サクラホクトオー	牡4	57	小島太	〃	アタマ	10-11-10-10	34.7	546377	⑦	11.6	237287	446	+4	境勝
×	3	6	ロングシンホニー	牡4	57	河内	08.3	1¼	9-8-6-7	35.1	583209	⑥	10.9	275986	466	-6	小林稔
×	7	15	ファストバロン	牡4	57	村本	08.5	1¼	⑦-4-3-3	35.6	300954	⑨	21.1	186393	486	+4	田中耕
	8	16	スダビート	牡4	57	柴田人	〃	アタマ	⑰-17-16-12	34.8	425922	⑧	14.9	262186	454	-2	鶴田功
	6	12	スピークリーズン	牡4	57	安田富	08.6	½	13-13-10-10	35.1	202545	⑫	31.3	152978	444	0	尾形充
©	7	14	ウィナーズサークル	牡4	57	郷原	08.7	½	10-8-6-7	35.5	1562127	②	4.1	953056	496	+16	松山康
	2	4	オースミシャダイ	牡4	57	松永昌	〃	アタマ	7-8-6-7	35.4	38358	⑭	165.0	42540	460	+4	武邦
×	7	13	オサイチジョージ	牡4	57	西浦	09.0	2	3-2-3-3	36.1	1123958	③	5.7	614036	484	+4	土門一
	4	7	モガミサイババ	牡4	57	松永幹	〃	アタマ	16-15-16-16	35.1	216576	⑪	29.3	171067	500	0	中村好
	8	17	ケージーエース	牡4	57	石橋	09.1	¾	18-17-14-12	35.4	13965	⑱	453.2	15104	452	+4	境直
	5	10	サツキオアシス	牡4	57	田原	09.2	½	⑬-15-14-12	35.5	110611	⑬	57.3	114245	564	+8	谷
	6	11	ニシノサムタイム	牡4	57	増井	09.4	1	12-13-16-16	35.5	18020	⑰	351.2	20848	444	0	長浜
	1	2	(市)ドウカンホープ	牡4	57	芹澤	09.6	1¼	4-4-10-12	36.1	24417	⑮	259.2	32306	440	0	鹿戸明
	5	9	アテンションリバー	牡4	57	宮	09.7	½	13-11-10-16	35.9	20116	⑯	314.6	29405	470	-6	古川
								計			8574263			5155883			

連複②-③ 1370円　7人気　単380円　複160円　290円　240円

ハロン12.51　上り46.9－35.0　ペースS　決手　1着馬 直外鋭　2着馬 二位粘

	600米	800米	1000米	1200米	1400米	1600米	1800米	2000米	2200米	2400米	2600米	2800米
通過タイム	37.7	50.3	1.03.1	1.15.8	1.29.5	1.42.8	1.55.5	2.08.1	2.20.8	2.32.7	2.44.0	2.55.7

ラップタイム　13.5-12.0-12.2-12.6-12.8-12.7-13.7-13.3-12.7-12.6-12.7-11.9-11.3-11.7-12.0

⑩⑮⑯出遅れ1馬身不利

一周3角　1.3.13(2.8)(4.5)18.6(14.15)(9.11)12(7.10)(16.17)

S　前　1.3.13.2.8.5(4.15)6(18.14)11(9.12.10)7.16.17

2　角　1(3.13)(2.15.8.5)(4.6.14)(9.18)(12.11)(7.10)(17.16)

向正面　1.3.13.5.15.8(2.4.14)6.9.18.12.10(7.11)16.17

3　角　1.3(15.13.5)(4.8.14.6)(12.2.9.18)(17.10)(7.11.16)

4　角　(1.3)(15.13.5)8(4.14.6)(12.18)(17.2.10.16)(7.9.11)

「しっかり追い切っての数字だったし、見た目にも太いとかはなかったですからね。普通にレースができればあんなに負ける馬ではないし、レースが終わった直後は何がなんだかわからなかった。確かに返し馬の時から、妙にモタれるな、とは思っていたんだけど、あとで骨折していたのがわかって、ああそうだったのかと」

松山師も、

「ダービー当日の夜の、モヤモヤした感じが出てしまいました。骨膜を気にした時、剥離した部分があったのかもしれない。その後、何ともない様子だったから心配ないと思っていたんだけど」

栗山道郎さんは、

「馬体重が大幅に増えていたでしょう。ああいうのは普通じゃない兆候というか、やっぱりダービーの時のデキにはなかったんだと思います。残念でしたけど、これも競馬だし、仕方ないな、という感じでしたね」

そうして、ウィナーズサークルの菊花賞が終わります。

美浦に帰厩後、再起を目指して休養に入りますが、もう一度レースに出走するのは叶わぬ夢になってしまいます。無論、その時点では、そんなことは誰一人、夢にも思わないことでしたが。

◆長期休養から引退へ◆

菊花賞が終わって美浦に戻ったウィナーズサークルでしたが、レースから4日後、右橈骨手根骨の骨折と右橈骨遠位端の骨折が判明。「レース中に骨折していたと思われる」が獣医師の見立てでした。

全治6カ月の診断がくだると、すぐに栗山牧場に放牧されて、療養生活に入ります。年が明けてからも懸命の調整が続けられ、平成2年の8月には美浦トレセンに戻って、毎日王冠での復帰が有力視されましたが、今度は左前肢に屈腱炎を発症。ここで陣営は引退を決意し、9月6日に登録を抹消されます。

奇しくも、その年、つまり平成2年のダービー馬アイネスフウジンが、やはり左前屈腱炎を発症して登録を抹消した翌日のことでした。

菊花賞で戦ったライバル達のその後、についても少しだけ触れておきますと—。

バンブービギンは菊花賞後、有馬記念を目指しますが、11月末に右前第一指骨の骨折が判明。長期療養を余儀なくされ、平成2年の6月、今度は浅屈腱炎を発症。菊花賞後、一戦も走ることなく引退することになります。

菊花賞後も脚部不安に悩まされ続けたレインボーアンバーも、やはり菊花賞後、一戦もしないいま平成２年10月に引退することになりました。

ダービー馬も、菊花賞馬も、古馬とは未対戦のまま、志半ばで現役生活を終えることになってしまいました。そしてこのことこそ、平成元年世代の評価を低いものにしている最大の要因と言っていいでしょう。

古馬になってから走り続けた同期はと言えば、皐月賞馬ドクタースパートは平成２年の暮れまで現役を続けますが、ステイヤーズＳをレコードで制した１勝のみで、それを最後に引退。リアルバースデーは菊花賞後９戦し、ＧⅡで２度２着の善戦があるだけで、平成２年の有馬記念で引退するまで、未勝利に終わってしまいます。ともに古馬になってから顕著な成績を残すことはできませんでした。

それこそ世代全体を言うなら、古馬になってからＧⅠを制したのは、先述したオサイチジョージの宝塚記念１勝のみ。このあたりも、平成元年世代が〝史上最弱〟と揶揄される要因になっています。

もう少し長い期間、世代トップクラスの走りを見てみたかった、というような話は、競馬の世界に限らず、歴史上の〝ｉｆ〟以前の詮なきこと。それはわかっているのですが、どうにも平成元年のクラシックを戦った馬達の多くは、あまりに輝く瞬間が短かったように感じられます。

それは世代のレベル云々とはまったく関係なく、クラシックロードそのものが過酷であったことの表れだったりしないでしょうか。

第8章

サードステージの果報

1 時代に背を向けられて

◆セカンドキャリアへの旅立ち◆

「見たことがないような大きな腫れ方をしていてね。屈腱炎って、〝エビ腹〟っていうでしょう。ちょうどエビの背中みたいに筋が浮き出るの。ウィナーズのは、誰が見てもそれだとわかるような腫れ方で、痛々しかった。

順調にいけば有馬記念へ、と思っていたから、それはもうガッカリしてね。症状が症状だったから、すぐに引退することが決まったんじゃなかったかな。種牡馬にという話になって、三石の方から人が見に来たりして、本桐牧場さんに繋養してもらうことになったんです」

と栗山道郎さん。

種牡馬として、次の世代への血の継承を託され、期待されての再出発。ところが、前途洋々、というわけにはいきません。

ダービー馬とはいえ、単純な数字で見た場合の競走成績は11戦3勝。重賞勝ちは、ダービーの1勝だけで、芝での勝利もその1戦のみ、に過ぎません。また父シーホークが23歳という高齢時の子で、ウィナーズの遺伝能力そのものを懸念する声も聞かれました。

更に間の悪いことに、と言ってはなんですが、一日違いで競走馬登録を抹消した平成２年のダービー馬アイネスフウジンの父もまたシーホーク。同じ父を持ち、ダービーを逃げてレコード勝ちした歴史的スピード馬と種牡馬デビュー年が重なったというのは、やはりウィナーズサークルにとっては逆風になりました。

種付初年度の平成３年。種付頭数61頭に対して生まれてきた産駒が47頭。以降、種付頭数は59頭、53頭、47頭、32頭と少しずつ減っていき、平成８年には14頭と激減。この年はサンデーサイレンスの産駒がクラシックでハッキリと結果を出した翌年であり、キャリアの中ではまったく交わることがなかった同い年のアメリカ二冠馬の影響を、引退後にまともに受けることになってしまいます。以降、平成９年６頭、10年４頭。そうして11年、種付を行わずに廃用、次のステージへ向かうことになります。

主な活躍馬として平成11年の高崎ダービーを制したウィナーズキシュウが挙げられますが、重賞勝ち馬はこの１頭のみ。ＪＲＡでの活躍馬は生まれていません。

20世紀末に起きた世界的な趨勢として、サラブレッドには豊富なスタミナよりも軽快なスピードが求められるようになり、必然、長距離血統よりも短、中距離血統がもてはやされるようになります。サンデーサイレンスの登場が、それを決定づけた、とも言えるかもしれません。

つまり典型的と言っていい長距離血統のウィナーズサークルは、新しく到来した時代に受け入れられず、取り残された…いや、競争原理の中での厳しい言い方をすれば、排除された存在でした。

道郎さんは言います。

「血統というのは怖いもんだなあと思いますよ。ウィナーズサークルのことがあったから、ではなくてね。

私らがバリバリ仕事していた若い時分は、シンボリ牧場さんの勢いが凄くて、パーソロンが一世を風靡していたでしょう。大変な種牡馬だなあといつも思っていた。それが今じゃ、ほとんど聞かれなくなってしまった。パーソロンだけでなく、あの系統自体がなくなってしまったんじゃないかってくらいでしょう。

一斉に広まって、一気に萎んでしまった。たかだが20年やそこらで、そういうことが起きてしまうんだからね。

つくづく、サラブレッドの血統というのは怖いですよ」

進化する過程での淘汰、それも自然の力によるものではなく、人為的に行われる淘汰には、どうしても冷酷な現実がイメージとしてつきまといます。強者が敗者を駆逐するような、優性が劣性を滅ぼしてしまうような。

それは現在いかに隆盛を極めていようとも、将来のことは、その時になってみないとわからない、ということを示唆しています。

恐らく生産界では、そういう覚悟を持って今も努力が続けられているのでしょう。

2 東京大学に向かったダービー馬

◆チバラギの縁、再び◆

競走馬のセカンドキャリアとして、最も成功した形態となると、やっぱり種牡馬としての働きになります。でも、期待されたような産駒を送り出せず、廃用となった種牡馬はどうなるのでしょうか。

種牡馬になるほどの馬は、多くは功労馬として扱われ、生まれ故郷に帰ったり、一部の養老牧場で余生を過ごしたり。勿論、全馬が全馬、そういうわけにいかないのが実情ですが、ウィナーズサークルの場合は、このサードステージにおいても、更にまた特別な余生を送ることになります。

茨城県笠間市。美浦トレーニングセンターから圏央道、常磐道経由で一時間ほどの場所に東京大学農学部の付属牧場があります。

正式名称はこちら。

〝東京大学大学院農学生命科学研究科付属牧場高等動物教育センター〟

ここにウィナーズサークルは平成12年（2000年）11月に移管されます。


同牧場は昭和20年4月に日本馬事会の「日本馬事錬成農場」として開場。農林省の所管を経て昭和24年4月に東京大学へ移管、農学部の付属牧場になります。

以来、畜産獣医学の専門教育の一環として学生実習を行い、生物学全般の研究、実践機関としても機能。現在もウマ、ウシ、ブタ、ヤギ、ヒツジが研究対象の家畜として飼育されていて、平成17年に独立法人化された後も、最先端の実践研究の場として存在し続けています。

その大学付属牧場とサラブレッドのつながりは、初代場長を務めた岡部利雄氏（故人）の「畜産技術の集大成であるサラブレッドの生産・育成・管理を付属牧場で実現すべき」との信念から始まったそうで、繁殖馬が8～10頭程度の生産規模の中、昭和50年の京都4歳特別を制したメイセイヒカリに続いて、5代目の場長、澤崎坦氏の在任時の昭和57年には、生産馬タケデンフドーが皐月賞4着。ダービーは20着に終わりますが、牧場として大きな成果を出すにいたります。

初代場長の信念の実現に向けては、種牡馬として引退馬を受け入れることも積極的に行われていて、タケデンフドーの父ベルワイドを筆頭にロングホーク、メジロムサシ、モンテプリンスなどのGⅠ級が繋養されていました。その中の1頭にウィナーズサークルが仲間入りすることになったわけです。

そして特筆しておかなければならないのが、ウィナーズサークルが付属牧場に行くことになった経緯。これがまたチバラギの縁でした。

種牡馬としての役目を終えて、さてこの後どうするか。当然、生まれ故郷である栗山牧場で、功労馬として余生を過ごさせるというプランはありましたが、関係者で話し合われる中で、付属牧場で新しい元競走馬を探している、という話が出てきます。

当時の、10代目の場長だった澤崎徹氏の意向でしたが、何頭かの候補が上がる中で、牧場の技術職員をしていた飯塚祐彦さんが「受け入れるならダービー馬を」とプッシュします。

その際に、澤崎氏とやりとりしていたのが千葉の小川良夫獣医でした。そう、ウィナーズサークルが生まれた直後に、尿管閉塞の処置をした人物です。

「豊さんからどうするかの相談を受けて、私の方で澤崎さんに電話したのかな。どっちが先だったとか、細かい順番はよく覚えてないけれど。でも、スムーズに話がまとまって良かったですよ」

と振り返ります。

道郎さんも、

「東大牧場なら知っているスタッフもいるし、安心して任せられますからね。国立大学の関連施設だから、移管する形、つまり預けるのではなく、譲渡することになるんだけど、それが一番馬にとってはいいんじゃないのかな、と思いましたね」

そうして北海道の本桐牧場から直接、東京大学付属牧場へと移動することになります。平成12年の暮れのことでした。

3 若い競馬人の将来の支えに

◆牧場時代の過ごし方◆

「とても頭が良くて、こちらの意思をきちんと理解していました。時々いたずらをした時なども、少しきつめに叱ると途端にシュンとしておとなしくなって。とってもわかりやすくて、面白い人でしたね。

実習で学生達の対象馬として振る舞う時も、競走馬は採血とかに慣れてるのもあると思うんですが、とてもおとなしくしてくれてました。でもたまに、油断してるとちょっとビクッとしてみせて、学生達に注意を促してみたり」

とは付属牧場の獣医で、ウィナーズサークルの面倒をみていた遠藤麻衣子さん。

不審に思われたかもしれませんが、〝人〟は誤植ではありません。毎度ではないのですが、遠藤さんは会話の中でウィナーズサークルのことを〝人〟と呼んだのです。

生産牧場の皆さんは勿論ですし、乗馬関係の方や、競馬界でも厩舎関係者、またファンの皆さんの中にも、馬のことを第三者的に〝彼〟〝彼女〟〝あの子〟と呼んでみたり、愛着を持った表現のひとつとして〝あいつ〟とか〝ヤツ〟なんてちょっと乱暴に擬人化した呼び方をする人も少なくありません。

ですが、〝人〟は耳にしたことがありませんでした。

「先生、さ、さすがに〝人〟ってのは違うんじゃないですか」

と喉まで出かかったのを抑えて、エピソードを続けていただきました。

「2011年から装蹄師が牧場からいなくなって、削蹄を装蹄教育センターの方にお願いするようになったんですが、そちらの実習にもウィナーズサークルは一役買うことになったんです。その時も面白かったんですよ。センターで実習に使われる馬達は削蹄に慣れてますから、実習生が削りやすいように自分から脚を高く上げるそうなんです。でもウィナーズは我関せずの態度で、適当にしか脚を上げないでおいて、生徒さんがその高さで削ろうとしたら、フンッ、て感じで地面に脚を下してしまう。そんな高さじゃちゃんと削れないだろ、って言ってるみたいでした。生徒さん達、いい勉強になったと思いますよ」

と昨日のことのように、クスクス笑いながら話されます。

先述の飯塚さん同様に、毎日の世話を担当していたもう一人の技術職員、鈴木一美さんも面白い話を聞かせてくれました。

現在、同牧場には平成25、26年のステイヤーズSを連覇し、26年の京都記念ではジェンティルドンナ他を破ったデスペラードが繋養されています。11歳とまだまだ若いせいもあるのか、作業車が放牧地の側を通った際に興奮して走り出すのを遠目に見て、つい「おおっ走り出した。シャッターチャンスだったなあ」と口にした時でした。

「どうしても最初のうちは、見慣れないものを近くに見ると興奮するんですよね。ここにきた元競走馬達、みんなそうでした。すぐ隣の敷地に放されてる牛を見たりしたら、両前脚を突っ張って、何だあれ？みたいに緊張して立ってたりしますよ。

だけどウィナーズサークルはそんなことはなかったです。始めから割と平気にしてました。

それこそ一時期、鳥（チャボ）を放し飼いしていたことがあって、ウィナーズの馬房に入り込んだりしてましたが、一緒にいても全然平気なの。

それどころか、ある日の明け方、いつものように馬房を覗いた時、あれっと思ってよくみたら、隅っこに卵があったんですよ。踏み潰したりもせず、おとなしくしてるんです。産み落とすのを見守っていたのかな」

そういう話を松山師は、

「モンテプリンスほどではないにしても、ウィナーズも気性は難しかったから、イメージが違うねえ。利口な馬だったのは確かだけど、競馬場にいた時の姿からは想像がつかないよ」

と感嘆混じりに聞いています。

鈴木さんも、

「モンテプリンスは利かなかったですよ。あれはとんでもない馬でした。馬房から出す時から立ち上がろうとするし、出たらまた立ち上がる。その体の動かし方が半端じゃなかったです。スキがあれば走り出そうとしてましたね」

遠藤さんも、

「私はプリンスには触らせてももらえませんでした。危ないからって」

と三人が声を揃えて笑うのでした。

◆最期も穏やかに◆

「私が馬舎の担当になってからも病気らしい病気はありませんでした。芦毛の馬に特有のメラノーマ（皮膚ガンの一種）もほとんど見られず、お腹のところに、小さいのがひとつふたつある程度でした。亡くなる2年くらい前までは、歯もしっかりしていて、まだまだ健康でいてくれると思っていました」

そんなふうに遠藤さんをはじめとした牧場スタッフは感じていました。

しかし、付属牧場にやってきて、約16年目を迎えた平成28年５月。ウィナーズサークルは放牧地で倒れます。見つけたのは鈴木さんでした。

「放牧地で寝転ぶのが日課でしたが、その日は本当に寝てるみたいにしてたんです。しばらくそんな感じでいたから、様子が変だなと思って駆けつけました。その時はすぐに立ち上がれたんですが、なにしろ歯が弱ってきていて、硬い物を受け付けなくなっていましたから。エン麦でもなんでも、なるべく柔らかくして与えるようにして頑張ったんですが、６月にまた倒れた。そうしたらまた持ち直してくれて。凄い生命力だなと思ったんですけどね」

その頃に遠藤さんから電話をもらった松山師も牧場に駆けつけます。

「６月に遠藤先生から電話をもらって行ってきたの。さすがにこれはもうダメかな、という感じだったのに持ち直した。いよいよになった８月は行けなかったんだけど、良く頑張ったんじゃないかな。馬の最高齢記録を抜くんじゃないか、なんて思っていたんだけど…」

師のウィナーズサークルに対する〝特別な馬〟という思いは、こういうところにも表れていたようです。

◆ひとつの理想の在り方◆

記録的に暑い夏──。

最期はほんの少しだけ苦しむような仕草があったとのことですが、ウィナーズサークルは平成28年8月27日、静かに息を引き取ります。

30歳と4カ月。まさに天寿をまっとうした、ダービー馬の大往生でした。

生まれてから競走馬としてデビューし、引退までの期間が約4年。種牡馬としてのセカンドキャリアが約8年。ここまでが計12年ですから、ウィナーズサークルにとって、東大付属牧場で過ごしたサードキャリアの時間が、最も長くなりました。

その間、自分のことを「あの人」と呼ぶ獣医さんに最期まで面倒をみてもらい、「できることならダービー馬を」と期待してくれた職員さん、「ダービー馬の世話ができて光栄でした」という職員さん、と多くのスタッフから愛され、そういう環境の中で、将来の競馬界だけでなく、獣医学の分野に進む学生さん達の実習の手助け（?）をしながら送った日々は、穏やかでありながら充実した、幸せな年月だったに違いありません。

サラブレッドとして多くの子孫を残す、という役割からは除外されてしまいましたが、これはこれで理想的な生涯だったであろう、と思われます。

そして更に、これは後日譚ではなく、現在進行形の話。

東京大学大学院生命科学研究科獣医学専攻にある〝獣医衛生学教室〟という研究室。そこにウィナーズサークルの心臓が保存されています。

ウィナーズサークルは生きている間にとどまらず、死して尚、将来の獣医学の発展に貢献しているのです。

平成12年にウィナーズサークルが東大牧場に入った以降も、ヒシアケボノ、ダンツシアトルといったＧⅠ馬が牧場に入厩しましたが、〝ダービー馬〟の称号を持つのはウィナーズサークルのみ。

２０１９年でちょうど創立70周年を迎えた東京大学付属牧場ですが、今現在もそこに繋養された〝唯一のダービー馬〟であり続けています。

最終章

そして迎える令和

◆関わった人々の思い◆

【郷原洋行騎手】

『私が鹿児島から東京に出て来たのは昭和34年4月10日。この日付をすらすらと口にできるのは、ちょうどその日が皇太子殿下と美智子様のご成婚の日だったから。こちらも晴れやかな気持ちになって、大都会へやってきたんだな、と思ったものでしたね。

昭和62年の秋の天皇賞の時、その皇太子ご夫妻が東京競馬場におみえになった。レースの前に騎手会長としてご挨拶させてもらったのは光栄なことで忘れられません。殿下が天皇陛下になられた年のダービーを勝たせてもらえたっていうのも、何かのご縁みたいなものを感じてしまいます。

ご縁と言えば、松山吉三郎先生は鹿児島の方でしたから、同じ郷里ということでいろいろ目をかけてくださった。オペックホースで初めてダービーを勝った時のライバルが、吉三郎先生の管理馬のモンテプリンスでしたけど、その何年か後に息子さんの厩舎の馬でダービーを勝つことができるなんてね。それも康久先生から馬の成長を託されて、結果につなげることができた。いくらか恩返しができたのかな、と思いましたよね。

初騎乗、初勝利、初めてのクラシックと、ひとつひとつを思い出すと、私は騎手として周りの人に恵まれていたと思います。それがいい時代だった、と言うのではなくて、これから先の競馬界も義理人情とか、上下関係とかを大事にしながら、人と人のつながりを大事にして欲しいと思いますね』

平成天皇は皇太子時代に2度、天皇陛下として2度の計4度、東京競馬場に行幸啓されています。これは競馬に深く関わったと伝わる明治天皇に肩を並べられるほどに、平成時代の競馬人気の定着に実に大きく関与してくだされた、と感じるところ。陛下としての来場は2度とも秋の天皇賞施行日で、平成17年ヘヴンリーロマンスの松永幹夫騎手が馬上から、平成24年エイシンフラッシュではミルコ・デムーロ騎手が下馬して最敬礼したシーンが印象深く記憶に刻まれています。

郷原騎手が言う皇太子時代の昭和62年はニッポーテイオーが逃げ切った年。貴賓席に向かわれる前の地下通路で、こうご挨拶したそうです。

「殿下、妃殿下。どうか素晴らしい競馬をお楽しみください」

と。

そうして自らが手綱を取るニッポーテイオーで後続を引き離して逃げ、有無を言わさずレジェンドテイオー以下を5馬身ち切って見せたのです。

日頃から「レースに乗っていてね、見ている人に向かって、あなた方が関わっている競馬って、こんなに面白いものなんだよ、素晴らしいものなんだよって、見せたくなる時があるんだよね」と考えていた名手の真骨頂でした。

その彼が、今回の取材の終わりに「人と人とのつながりを大事に」と話してくれたのでした。

【小川良夫獣医】

『馬を介して人を見る、とでも言うんでしょうか。長く獣医をして、たくさんの牧場に足を運んで馬を看てきましたが、それは馬だけでなく、牧場の人たちを見ることでもありました。

成田空港ができて周囲の牧場が北海道に移っていって、少しずつ寂しくなっていく様子とか、バブル期の盛り上がり方とか、その後の衰退ぶりとかも含めてね。

千葉周辺の牧場は、いい意味で〝旦那衆〟で成り立っていたように思います。栗山牧場さんもそういう感じのオーナーブリーダーで、先代の博さんがいて、豊さんと道郎さんの兄弟が支えたからこそウィナーズサークルが生まれたんじゃないですか。そういう意味じゃ、道郎さんは〝旦那衆〟の数少ない生き残りかな。

これらをひと括りに〝古き良き時代〟と言って済ませていいものかどうか。今は〝旦那衆の競馬〟から〝経営者達の競馬〟になっている感じがしますが、すべてがその流れになってしまって本当にいいのだろうか、と…。

どんなふうに牧場が次の世代に引き継がれていくのか、その将来を考えると、ついそんなことを思ってしまいますよね』

人材不足は競馬界に限ったことではないですが、動物相手ですから牧場の後継者問題というのは深刻です。あらゆることがシステマティックになってしまうことを危惧される小川獣医の思いは、もしかすると郷原騎手の言葉とリンクするのかもしれません。

【栗山道郎氏】

『牧場をスタートさせた時から、北海道の生産者には負けないぞ、と思ってやってきましたが、まさか本当にダービーを勝てるとは思っていませんでしたよ。夢なんてものじゃないですから。だって、有り得ないことでしょう。全体の生産頭数の差を考えたら、茨城からダービー馬が出るなんて。

私の曽祖父や祖父の代は子だくさんだったようですが、比較的早くに亡くなる子供が多かったようです。そのうえ親父も身体を悪くして、つらい時代も長かったんじゃないかと思いますが、でも親父が身体を悪くしたことで馬を扱うようになったわけですから、何が幸いするかはわからないものですよね。

本格的に育成をやるようになって、一時は20人近い人を雇うくらいの規模になっていました。それこそ平成元年の夏には、牝馬で南関東の三冠を達成したロジータもうちで過ごしてました。ウィナーズサークルと一緒に、芦毛のダービー馬2頭が並んで調教する、なんて時もありましたよ。ただ、その後はますます競馬界全体の重心が北海道に移っていきましたから。いい時ばかりではないし、地道にやっていかないと。

生産は続けようと思ってます。茨城ではほとんどうちだけになってしまいましたけれどね。

どうしてって？

意地でしょうね。

茨城でも生産はできる、と信じてやってきて、ダービーも勝たせてもらって。茨城の馬産の灯を消すわけにはいきませんよ』

――何故、生産を続けるのか？

これは本書のために行った取材の中で、最もくだらない質問だったかもしれません。


【松山康久師】

『ミスターシービーという馬は、日本の競馬史にとって重要な馬であって、私のところにやって来たのはたまたま、とでも言いますか。私が何か特別な関わり方をした、というような感じではないんです。

勿論、自分のキャリアの中でも特別な、忘れられない一頭ですけど、三冠馬を私が育てた、というのではなくて……。

自分の馬というより、ファンの皆さんの馬、とか、競馬界全体にとってのミスターシービー、という感じですか。伝説の馬として、私個人を離れた存在に感じるんです。


ウィナーズサークルはそうじゃない。

配合から関わったというのはありますし、生まれてすぐの頃は、大袈裟だけど一瞬たりともあの馬のことが頭から離れたことはなかった。

本当に神々しくて、愛おしかったです。

離乳してから馴致、育成の過程をじっくりと見て、デビューしたらレースを走らせながら試行錯誤してみたり。いろんなことを教わりました。

一番大きかったのは、「ネバーギブアップ」の精神じゃないですけど、簡単に諦めてはいけない、ということですね。しっかり馬と向き合って、あらゆる手段を考えて、様々な手を打っていかないと。それにはスタッフとのコミュニケーションが円滑でなくてはなりません。馬の適性を見極めつつ調教メニューを考え、コンディションを把握して、飼料を管理して、と、つまり厩舎全体のマネジメントをキッチリしなくてはならない。そういうことの積み重ねこそが重要なんだ、といったようなことでしょうか。

競走馬の成功に馬の能力そのものが不可欠であるのは言うまでもないことですが、でも結局のところ、一頭の競走馬がレースで大きな結果を出せるか出せないかは、チーム力になるんじゃないか、と思います。

ウィナーズサークルもそうで、先代の博さんを始めとした栗山牧場の皆さん――亡くなった豊さんと道郎さん兄弟の絆は勿論だし、栗山さんと千葉の牧場とのつながり方や、ウチの父(吉三郎師)

との長い付き合いがあって、そして私のところの厩舎のスタッフとの信頼関係、更にそこからまた郷原騎手につながって。

その関わった人達みんなが、ウィナーズサークルについて一生懸命に向き合った結果がダービー制覇につながったと思うんです。どれかひとつでも欠けていたら、ダービーは獲れてなかったんじゃないですか。


配合を助言して、生まれてすぐの頃に見た時に「神から授かった馬なんじゃないか」と感じて命名もしました。それから競馬を走っている期間は手元にいて、引退後は北海道に行ってしまったけど、種牡馬を引退したらまた近くに戻ってきて、死ぬ2カ月ほど前に会うこともできた。

調教師として、自分が管理したダービー馬と、こういう関わり方ができたというのは幸せなことだったと思うんです。

ウィナーズサークルという馬は、ホースマンとしての私に、本当にたくさんの財産を与えてくれました。

まさに〝恩人〟です』

松山師が言うように、調教師が将来の管理馬に生まれてすぐに会い、死ぬ2カ月前にも会う、というのは、なかなか難しいシチュエーションに違いありません。
この特別な関わり方を可能にしたのは、ウィナーズサークルというダービー馬が、茨城で生まれ、茨城で死んだから、だったでしょう。

◆多様性の時代へのヒント

平成31年4月1日。平成の次の元号〝令和〟が発表され、5月1日に令和時代がスタートしました。新元号で行われた最初の日本ダービーの結果は以下の通り。

●令和元年5月26日。第86回日本ダービー、天候・晴。
1レースの売上253億7597万8300円。
東京競馬場の入場者数11万7538人。
優勝はロジャーバローズ
馬主、生産牧場は日本ダービー初制覇。

平成28年生まれの7071頭の頂点に立ったのは、ウィナーズサークルと同じく重賞未勝利だったロジャーバローズ。生産牧場の方はダービー初挑戦での初優勝でした。

世界的な潮流として、人と人の交流が活発になり、前時代的な〝国境〟の概念が複雑になっていった平成の時代。そこでは「共生」、「調和」といったことが叫ばれましたが、一方で分断や格差が社会問題として浮上することにもなりました。このことは日本国内に限らず深刻化しています。それに向き合う際に求められた最重要キーワードは〝多様性〟です。様々な人種や主義主張の垣根を取り払い、それぞれが認め合って共存する、といったことの象徴的な考え方のひとつ、と言えるでしょうか。

サラブレッドについてみてみましょう。

三大始祖とされるダーレーアラビアン、バイアリーターク、ゴドルフィンアラビアンのうち、本編中で栗山道郎さんが指摘した通り、パーソロンから遡るバイアリータークの系統は21世紀に入って著しく衰退していきました。ゴドルフィンアラビアンの系統も、急速ではないにしても、同様の流れになっています。

18世紀にサラブレッドが生まれて３００有余年。種としてさまざまな進化を遂げながら、この多様性が求められる時代に、まったく違った方向に進んでいるかのような様相を呈しています。もしもこの状況が今後も更に続くとすると、新しい時代の競馬は一体どのような姿になっていくか、想像がつきません。

本書の主役、平成元年のダービー馬ウィナーズサークルは、昭和61年に日本で生まれた7301頭のうちの、僅か34頭しかいなかった茨城産。芦毛であることとともに、現在でも特異な存在として歴史に名を刻んでいます。

このウィナーズサークルの有り様こそ、〝多様性の極致点〟と呼べるものだとすれば、平成元年の競馬界には、少なくともこういう形の〝多様性〟が認められていた、ということになります。

平成の世に〝茨城に舞い降りた白い神馬〟が残したもの。

それは時代から弾かれてしまった馬の記憶に過ぎないのでしょうか。或いは、大事な何かと引き換えにした、古き良き時代の〝記憶そのもの〟でしかないのでしょうか。

タイム	上がり	着差	馬体重	騎手	斤量	1着馬(2着馬)
1:15.0	39.6	2.1	478	竹原啓二	53	ビフォアドーン、ミョウジントップ(同着)
2:03.1	38.7	ハナ	482	郷原洋行	54	ハセアンビション
2:04.0	40.0	0.9	486	郷原洋行	54	マイファイブスター
1:55.5	39.4	-0.8	486	郷原洋行	55	(シカゴシチー)
1:40.9	36.5	クビ	480	郷原洋行	55	ドースクダイオー
1:52.7	37.6	0.2	484	郷原洋行	55	リアルサファイヤ
1:54.1	38.9	-1.2	484	郷原洋行	55	(ロータリーショウリ)
2:05.3	37.6	0.1	482	郷原洋行	57	ドクタースパート
2:28.8	36.5	-0.1	478	郷原洋行	57	(リアルバースデー)
2:13.8	36.0	0.4	480	郷原洋行	57	バンブービギン
3:08.7	35.5	1.0	496	郷原洋行	57	バンブービギン

―平成から令和へというこの時代の変わり目に、今一度見つめ直して次の新しい一歩へとつなげていけるとするならば、ウィナーズサークルの生涯はまた違った輝きを放つことになる―。

筆を置くにあたって、改めてそう感じています。

ウィナーズサークル　プロフィール

生産地	茨城県
生産者	栗山牧場
馬　主	栗山博
厩　舎	美浦・松山康久厩舎
父	シーホーク
母	クリノアイバー
母　父	グレートオンワード
母　母	クロシエツト
誕生日	1986年4月10日
毛　色	芦毛

ウィナーズサークル全成績

競走日	競馬場	競走名	距離	馬場	頭数	枠番	馬番	オッズ	単人気	着順
1988.7.23	福島	3歳新馬	芝1200	重	10	7	8	1.4	1	4
12.4	中山	3歳未勝利	芝2000	良	15	5	10	3.0	1	2
12.24	中山	3歳未勝利	芝2000	良	19	6	11	1.2	1	2
1989.1.22	中山	4歳未勝利	ダ1800	稍	9	8	8	1.2	1	1
2.5	東京	カトレア賞(400万下)	ダ1600	良	6	6	6	1.7	1	2
3.5	中山	4歳400万下	ダ1800	不	11	7	8	1.5	1	2
3.18	中山	4歳400万下	ダ1800	良	6	1	1	1.2	1	1
4.16	中山	皐月賞(GI)	芝2000	不	20	5	11	16.2	7	2
5.28	東京	東京優駿(GI)	芝2400	良	24	1	3	7.3	3	1
10.15	京都	京都新聞杯(GII)	芝2200	良	15	8	15	4.8	2	4
11.5	京都	菊花賞(GI)	芝3000	良	18	7	14	4.1	2	10

1988年(3戦0勝)
1889年(8戦3勝)
東京優駿(日本ダービー)、2着-皐月賞、4着-京都新聞杯

あとがき　～果てなきホースマンシップ

初めて買った馬券は忘れないものだと言います。

それは往々にして的中馬券を指す場合が多いようですが、私も例外ではありません。昭和58年の日本ダービー。ミスターシービーからの枠番連勝馬券でした。

以来、記憶を司る脳の部位（私の場合はさして大きくはない）に収まっていた知識、その大半を整理処分し、頭の中を競馬に関する情報で満たす、という作業が始まります。

その一番古いスペースに、ミスターシービーを管理した松山康久調教師の名前が刻まれたことは言うまでもありません。

競馬専門紙の記者となってからは、師が華々しい活躍を続ける過程を一人の取材者、いや傍観者のようなスタンスで追っていましたが、定年引退後は毎週のようにさまざまなお話を聞かせていただくようになり、そんな日々を送る中で平成28年にウィナーズサークルが死んでしまいます。しばらく思い出話に花を咲かせているうちに、「栗山さんとこじゃ船に馬を乗せて千葉に行ってたそうなんだよ」という話が出てきて、「この馬を軸にした読み物が書けないか」という気付きを得られました。師はその手の話は一切断っていたそうなのですが、「ウィナーズサークルのことなら」と乗り気になってくださって――。

いきさつとしては、そんなようなところです。

それにしても、本文中に記した通り、松山師は親子二代での調教師顕彰者。このお二人についてどこまで迫れたのかは、疑問ばかりが残って…いやまったく力及ばずで、心苦しい思いでいっぱいですが。

約30年前のレースのエピソードについては、自分のメモや記憶を辿っては、記録と照らし合わせながら修正し、また新たに関係者の皆さんにも話を聞いて、という作業を行いました。その都度その都度でお世話になった皆さんにも感謝の思いしかありません。

中でも郷原洋行元騎手にお話を聞かせていただけたことは貴重な経験になりました。

ウィナーズサークルの現役時代のことは当然として、今回の取材とは別に、鹿児島から上京してきた当時の話や、昭和60年に急逝した同期の中島啓之騎手との交遊話。また現在、そして将来の競馬界への提言のような話もしていただくなど、得難い財産の一部をちょうだいした気がしています。

栗山牧場の皆さん—とりわけ道郎さんには一生産者としての在り方、考え方、あるいは生き方らしきものまで、多くを学ばせていただきました。その期間のことを思い出すと、幸せな時間を過ごさせていただいたと、改めて感じているところです。

また佐藤有氏からは昭和30年～40年代に撮影された利根川流域の貴重な写真の数々を、快く提供いただきました。それだけでなく利根川周辺の当時の様子から現在にいたるまでを他の資料をもとに丁寧に教えていただき、歴史的背景の理解を深めることにもつながりました。執筆の際に心強いバックボーンになったことを付記しておきます。

写真と言えば、遠藤麻衣子氏には本編中の取材協力だけでなく、カバー用にプライベート写真を提供いただき、本書が完成するまでお力添えをいただくことになりました。

そしてこの活字紙媒体苦難の時代に、出版を引き受けてくださったオーイズミ・アミュージオ（競馬道ＯｎＬｉｎｅ編集部）の皆様には、いろいろなアドバイスをいただきながら、スケジュールの遅延等、ご迷惑をかけっぱなしでした。

最後になりますが、一社員にすぎない自分に、他社からの出版を許可してくださった競馬ブック松井淳二社長、また同僚の社員の皆にも、心から感謝したいと思います。

その他にも、挙げ出すとキリがないほど、たくさんの皆さんにお世話になりました。この場を借りてお礼申し上げたいと思います。

美浦トレーニングセンターに隣接する広報会館脇に、美浦所属馬のGI勝ちを記念した広場（ファントピア）があります。
こちらはその敷地内に建てられている松山康久師の１０００勝を記念した石碑。そこに彫られている言葉が―

〝Ｈｏｒｓｅｍａｎｓｈｉｐ〟

師によれば、

「ひと口には言えないですが、馬に携わる人の心構え、とでも言いますか。馬のことを最優先にした意識の持ち様、在り方。その重要性を表した言葉だと捉えてます」

最終章の最後に、師はウィナーズサークルのことを、〝恩人〟と表現しました。

東大付属牧場の遠藤獣医が、ウィナーズサークルを呼ぶ際に使った〝人〟は耳にしたことがない、と本編で書きましたが、最も身近なところにいたことになります。

ウィナーズサークルという馬の一生も、〝馬生〟ではなく、〝人生〟なのでしょう。

いよいよ書き終えるに及んで、ホースマンシップのなんたるか―ほんの一部に過ぎませんが―を教えていただいた思いです。

改めて本書に関わってくださった皆さん、そして本書を手に取って最後までお付き合いくださった皆さんに、心より御礼申し上げます。

ありがとうございました。

ではまた、競馬場でお会いしましょう。

令和元年5月吉日

和田章郎

《参考文献》

下総御料牧場史（宮内庁）
下総御料牧場要覧（宮内省）
広報かわち「広報30年のあゆみ」「平成11年12月号」
江戸崎町史
東町史
下総町史
広報とみさと
稲敷の景観―変化する道・水辺・交通（稲敷市立歴史民俗資料館）
神崎町20年史
利根川新紀行（及川修次・国書刊行会）
稲敷・北相馬の歴史（郷土出版社）
東京大学農学部付属牧場半世紀のあゆみ
日本ダービー50年史（中央競馬ピーアールセンター）
日本の騎手（中央競馬ピーアールセンター）
競馬の血統学―サラブレッドの進化と限界（吉沢譲治・ＮＨＫライブラリー）
鍛えて最強馬をつくる―ミホノブルボンはなぜ名馬になれたのか
（戸山為夫・かんき出版）
馬のあゆみ上・下（競走馬ふるさと案内所）
月刊優駿（中央競馬ピーアールセンター）
中央競馬年鑑（日本中央競馬会）
週刊ギャロップ
競馬四季報（サラブレッド血統センター）
週刊ケイバブック

《参照ウェブサイト》

ＪＲＡホームページ
宮内庁ホームページ
気象庁ホームページ
国土交通省関東整備局ホームページ
国土地理院ホームページ
成田市立図書館デジタル資料富澤庸祐アルバム
ＪＢＩＳサーチ
ジャパンスタッドブックインターナショナル・ホームページ
競馬ブックｗｅｂ

《取材協力（順不動、敬称略）》

飯田正剛・村岡基晴・石渡廣・吉﨑太郎・遠藤麻衣子・小川良夫
栗山道郎・栗山英樹・秋本孝昭・秋本竹子・佐藤有・鎌田健司・新田幸次郎
大野繁・篠原佳治・島﨑将一・椎名卓郎・髙栁一雄・黒沢哲郎・米山邦雄
関谷荘一・鶴谷義雄・松山康久・郷原洋行・菅原泰夫・桑島孝明・新畑繁
東京大学付属牧場・本桐牧場・千代田牧場・ユタカファーム

競馬道OnLine選書　007

吹けっ！　白い風

令和元年 7月31日　第１刷発行

●著者　和田章郎《わだあきお》
●編集　競馬道OnLine編集部《けいばどうオンラインへんしゅうぶ》（株式会社《かぶしきがいしゃ》オーイズミ・アミュージオ）
http://www.keibado.ne.jp
●本書の内容に関する問合せ
support@keibado.zendesk.com
●カバー写真（ウィナーズサークル）撮影／遠藤麻衣子
●デザイン　畠中ゆかり
●発行者　福島 智
●発行元　株式会社オーイズミ・アミュージオ
〒110-0015　東京都台東区東上野1-8-6　妙高酒造ビル5F
●発売元　株式会社主婦の友社
〒101-8911　東京都千代田区神田駿河台2-9
電話：03-5280-7551
●印刷・製本所　三松堂株式会社

ISBN 978-4-07-340836-9